D1719624

Chup Friemert

Hegel. Philosophie der Kunst. Bearbeitete Mitschriften.

Materialverlag 2012
HFBK Hamburg

Entgipsen nannte Brecht das Verfahren, das Hanns Eisler seinerzeit anwandte, um Gedichte von Hölderlin zu vergegenwärtigen. Entgipsen möchte ich auch mein Verfahren nennen, um Hegel für Künstler lesbar zu machen. Vier studentische Mitschriften der Vorlesungen »Philosophie der Kunst«, die Hegel mehrfach hielt, und die in kurzer Folge zwischen 1995 und 2005 ediert worden sind, bilden die Basis des vorliegenden Buches. Es möchte eine Lesart des Hegelschen Denkens vorlegen, um die Debatten unter Künstlern anzuregen und zu befeuern, weniger, um eine philosophische Diskussion über Kunst oder das System der Künste zu ernähren. Der Text versucht, möglichst die eigenartigen Formulierungen Hegels zu erhalten, also auch die Mitschriften zu respektieren.

Die Quellenlage zum Hegelschen Denken über Kunst ist bekanntlich verzwickt. Nach dem Tod des Meisters machte sich einer seiner Hörer, Heinrich Gustav Hotho, daran, aus seiner Mitschrift und der anderer Hörer ein Werk zusammenzuschreiben. Vier Jahre nach dem Tod Hegels erschien dann 1835 ein dreibändiges Werk unter dem Titel »Ästhetik«. Das Buch ist schwer lesbar, es ist eher der Versuch, ein abgeschlossenes System des Denkens über die Kunst vorzulegen und dieses dann gewissermaßen Hegel unterzuschieben, als eine Darstellung des Denkens von Hegel über die Kunst. Der bewegliche Geist des Denkers Hegel ist in der »Ästhetik« Hothos jedenfalls nicht zu erkennen. Dagegen zeigen alle vier Mitschriften einen Hegel, der über die Kunst denkt und nicht einen, der abschließend konstruiert, wenn er über Kunst philosophiert.

Die vier Mitschriften von Hörern der Hegelschen Vorlesungen zur »Philosophie der Kunst«, auf die sich dieser Text gründet, sind: die Mitschrift der Vorlesung aus dem Wintersemester 1820/21 von Wilhelm von Ascheberg, dann die Mitschrift der Vorlesung aus dem Sommer 1823 von Heinrich Gustav

Hotho und dann noch zwei Mitschriften der Vorlesung vom Sommer 1826, eine von Friedrich Carl Hermann Victor von Kehler und eine von P. von der Pfordten.

Die Arbeit für das Buch, also das Arbeitsverfahren des Entgipsens, verlief in mehreren Etappen oder Durchgängen. Im ersten Durchgang entstanden Exzerpte aus den vier Mitschriften, die sich von der Absicht leiten ließen, Hegel für Künstler zugänglich zu machen. Weggelassen wurden die oft ausführlichen, mäandernden und umwegigen Darlegungen Hegels zur Methodik des Denkens, ausdrücklich erhalten bleiben sollte das kenntnisreiche, lebendige, immer wieder umkreisende und sich so bewegende, auch weiterbewegende Bedenken der Künste, das Hegel vorführt.

Im nächsten Schritt wurden die vier Exzerpte verglichen und zu einem fortlaufenden neuen Text zusammengefügt, gewissermaßen montiert und mehrfach überarbeitet. Gleichwohl bleibt in der vorgelegten Druckfassung Absatz für Absatz die Herkunft der neu gebildeten Formulierungen aus den unterschiedlichen Mitschriften farbig unterschieden nachvollziehbar. So kann sich der Leser jederzeit in den originalen Mitschriften über die Umgebung des jeweiligen Absatzes informieren und überprüfen, in welchem Grad der laufende Text von den Vorlagen abweicht oder für seine jeweiligen Zwecke ergänzt werden muss.

Das Vorliegende ist also gegenüber Hegels Vorlesung ein vielfach Vermitteltes: es entstanden auf der Grundlage von Mitschriften (1. Vermittlung) Exzerpte (2. Vermittlung), sodann aus diesen Exzerpten ein veränderter Text (3. Vermittlung), der, wie der Titel des Buches vorgibt, wohl als Bearbeitung bezeichnet werden darf.

Chup Friemert
Hamburg, Sommer 2012

Inhalt

Einleitung

Nähere Betrachtung der Kategorie des Scheins 12
Das Kunstwerk ist vom Menschen produziert 15
Das Kunstwerk ist für den Sinn gemacht 17
Das Sinnliche der Kunst 20
Das Kunstwerk hat einen Zweck 22
Der Begriff der Kunst 25
Die Gliederung der Kunstwelt 27
Symbolische Kunst 29
Klassische Kunst 31
Romantische Kunst 33

Technische Erläuterung

Zitate in Rot aus: *G.F.W. Hegel, Vorlesung über Ästhetik. Berlin,* 1820–1821. *Eine Nachschrift durch Wilhelm von Ascheberg,* herausgegeben von Helmut Schneider, Peter Lang Verlag, Frankfurt/Main 1995

Zitate in Blau aus: *G.F.W. Hegel, Vorlesungen über Philosophie der Kunst. Mitschrift nach dem Vortrage D.H. Prof. Hegel im Sommer* 1823 *Berlin von H. Hotho,* herausgegeben von Annemarie Gethmann-Siefert, Felix Meiner Verlag, Hamburg 2003

Der allgemeine Teil

Das Schöne überhaupt 39
Von der schönen Betrachtung natürlicher Gebilde 40
Das schöne Natürliche 41
Die Form als abstrakte Einheit 42
Die Materie als abstrakte Einheit 44
Kunstschönheit und Lebendigkeit 45
Das Ideal 47
Die äußerliche Welt als Zustand 49
Der besondere Zustand, die Situation 52
Die Reaktion gegen die Situation 53
Die äußerliche Umgebung 56
Das Kunstwerk und der Künstler 58
Drei Kunstformen 59
Die symbolische Kunstform 61
Die klassische Kunstform 67
Die romantische Kunstform 74
Der religiöse Kreis 78
Der weltliche Kreis 80
Der Formalismus der Subjektivität 81

Der besondere Teil

Die bildenden Künste – Architektur 90
Die symbolische Baukunst 91
Die klassische Baukunst 94
Die gotische oder romantische Baukunst 98
Die bildenden Künste – Skulptur 100
Die bildenden Künste – Malerei 106
Die tönende Kunst – Musik 110
Die redenden Künste 114
Die epische Poesie 118
Die lyrische Poesie 120
Die dramatische Poesie 120
Das Epos 121
Das Lyrische 125
Die dramatische Poesie 127
Tragödie und Komödie 128
Die klassische Tragödie 128
Die moderne Tragödie – Drama 130
Die Komödie 132
Ende 134

Zitate in Grün aus: *G.F.W. Hegel, Philosophie der Kunst oder Ästhetik. Nach Hegel. Im Sommer 1826. Mitschrift Friedrich Carl Hermann Victor von Kehler*, herausgegeben von Annemarie Gethmann-Siefert und Bernadette Collenberg-Plotnikow unter Mitarbeit von Francesca Ianelli und Karsten Berr, Wilhelm Fink Verlag, München 2004

Zitate in Violett aus: *G.F.W. Hegel, Philosophie der Kunst. Vorlesung von 1826. Mitschrift durch P. von der Pfordten*, herausgegeben von Annemarie Gethmann-Siefert, Jem-Im Kwon und Karsten Berr, Suhrkamp Verlag, Frankfurt am Main 2005

Einleitung

Die VORLESUNGEN sind der Ästhetik gewidmet, ihr Feld ist das Schöne, hauptsächlich die Kunst. Ästhetik meint die Wissenschaft der Empfindung, denn früher betrachtete man in der Ästhetik die Eindrücke auf die Empfindung. Dieser Ausdruck ist aber hier nicht zutreffend, in unserer Untersuchung ist bloß von der Schönheit der Kunst die Rede und nicht auch noch von den Empfindungen, welche die Natur verursacht. Das Ausschließen des Naturschönen kann willkürlich erscheinen, da man gewöhnlich sagt: ein schöner Mensch, ein schönes Tier und dergleichen, aber das Kunstschöne ist anderer Art, höher als das Naturschöne, weil es aus dem Geiste hervorgebracht ist. Der Gegenstand der Betrachtung ist also zwar das Reich des Schönen, genauer aber ist es das Gebiet der Kunst. 1

Würde eine solche Betrachtungen mit der Mannigfaltigkeit der Kunst und ihrer Gestalten beginnen, würde also mit den Einzelheiten begonnen, so könnte und würde ein solches Beginnen nur zutage fördern, daß und wie die Kunst unterschiedliche Empfindungen erweckt durch lebhafte Vorstellungen und durch lebhaftes Vorstellen im je Einzelnen. Es geht hier aber nicht um eine sinnliche, geistreiche Betrachtung einzelner Kunstwerke, sondern es soll eine Theorie der Kunst entfaltet werden, und die Bestimmung der Kunst kann nicht darin aufgehen, uns Empfindungen zu erwecken. Das wäre eine abstrakte und oberflächliche Bestimmung, eine triviale. 2

1 Diese Vorlesungen sind der Ästhetik gewidmet, und ihr Feld ist das Schöne, hauptsächlich die Kunst. Der Name bezeichnet Wissenschaft der Empfindung; denn früher betrachtete man in dieser Wissenschaft die Eindrücke auf die Empfindung; dieser Ausdruck ist aber nicht passend, da hier bloß von der Schönheit der Kunst die Rede ist, und nicht von den Empfindungen, welche die Natur verursacht. [S. 21/05]
Das Ausschließen des Naturschönen kann willkürlich erscheinen, da man so gewöhnlich sagt: ein schöner Mensch, ein schönes Tier und dergleichen; aber das Kunstschöne ist höher als das Naturschöne, weil jenes aus dem Geiste hervorgebracht ist. [S. 51]
Der Gegenstand unserer Betrachtung bestimmt sich als das Reich des Schönen, näher als das Gebiet der Kunst [S. 1/02]

2 Bei diesem Verfahren spreche ich aus, daß eine Theorie der Kunst abgeleitet werden soll, also ist nicht die Rede von einer sinnlichen geistreichen Betrachtung einzelner Gegenstände der Kunst. [S. 53]

3 Aber was der Schein sei, welches Verhältnis er zum Wesen habe, darüber ist zu sagen, daß alles Wesen, alle Wahrheit erscheinen müsse, um nicht eine leere Abstraktion zu sein. Das Göttliche muß Sein-für-Eines, Dasein haben, welches, unterschieden von dem, was an sich ist, der Schein ist. Der

Nähere Betrachtung der Kategorie des Scheins

Gegen die Kunst wird vielfach vorgebracht, sie habe es mit dem Schein zu tun, und wahrhafte Zwecke sollen nicht durch Täuschung und Schein befördert werden. Es stimmt: Kunst bringt Schein hervor und existiert als Schein. Aber was ist das, der Schein, und welches Verhältnis hat er zum Wesen? Alles Wesen, alle Wahrheit muß erscheinen, um nicht eine leere Abstraktion zu sein. Der Schein ist kein Unwesentliches, sondern wesentliches Moment des Wesens selbst. 3

Die Darstellungsweise der Kunst nennen wir Schein, während wir die sinnliche Gegenwart Realität heißen. Das Wahre an der Realität ist nun nicht das unmittelbar Sinnliche, das Wahre an ihr ist das ihr Einwohnende, sind das Geistige, das Sittliche und die allgemeinen ewigen Mächte. Diese Mächte werden aber gerade durch die Kunst dargestellt, und dabei hebt der Schein der Kunst die Erscheinungsweise der Realität, ihre gewöhnliche sinnliche Gegenwart auf. Die sinnliche Realität der Kunst ist spezifisch im Schein. Gegenüber dem Schein in der Kunst erscheint die gewöhnliche Realität als das Uneigentliche, und der Schein der Kunst als eine viel höhere Weise des Erscheinens. Die Täuschung besteht höchstens darin, daß die Kunst ihre Produktionen an die Stelle der unmittelbaren Wirklichkeit setzt. Die Kunst hat also ihre Eigentümlichkeit in der Art und Weise des Scheins, in ihrem besonderen Scheinen, in ihrem besonderen Material des Daseins und nicht im Scheinen überhaupt. Sicher 4

Schein aber ist kein Unwesentliches, sondern wesentliches Moment des Wesens selbst. [S. 2/07]
Diese Täuschung besteht darin, daß die Kunst ihre Productionen an die Stelle der unmittelbaren Wirklichkeit setzt. [S. 23/23]

---

4 Die sinnliche Gegenwart ist Realität; die Darstellungsweise der Kunst nennen wir Schein. Über den Gegensatz ist zu bemerken, daß das, was so sinnliche Realität heißt, im Sinn der Philosophie keine Realität genannt wird, sondern im Sinne des Geistes ist nur das wahr, was ein An-und-für-sich-Seiendes ist. Was an der sinnlichen Gegenwart das Wahre ist, sind die Mächte darin, das Geistige, Sittliche; diese allgemeinen ewigen Mächte sind es, die durch die Kunst dargestellt werden.
Was also Schein an der Kunst heißt, ist, daß die gewöhnliche Realität aufgehoben ist. [S. 25]
Der Schein in der Kunst ist also nicht zu verwerfen, vielmehr ist es die gewöhnliche Realität, welche gegen ihn nur als das Uneigentliche erscheint, und er ist eine viel höhere Weise des Erscheinens als die Realität. [S. 25]
Und nur in der Art und Weise des Scheins wird demnach die Kunst ihre Eigentümlichkeit haben, nicht im Scheinen überhaupt. [S. 2/18]
Die Kunst wird bei ihrem Scheine wohl der Form des Gedankens nachstehen, doch hat sie vor der Weise der äußerlichen Existenz den Vorzug, daß wir in der Kunst wie im Gedanken die Wahrheit suchen. [S. 3/11]

...

steht die Kunst bei ihrem Scheine der Form des Gedankens nach, doch in beiden, in der Kunst wie im Gedanken suchen wir die Wahrheit, und der Schein der Kunst, ihre Täuschung ist weder Verwirrung noch Lüge.

Kunst als flüchtiges Spiel und als äußerlicher Schmuck der Lebensverhältnisse ist nicht freie Kunst. Kunst kann zwar in diesen Weisen vorkommen und besonderen Zwecken dienen oder gar ein bloßes Beiherspielen sein, grade so wie auch der Gedanke für Gedankenloses gebraucht werden kann, aber die Kunst in ihrem zufälligen Gebrauch ist von der Kunst in ihrer Selbständigkeit zu unterscheiden. 5

Die Kunst ist gleichsam ein Bindemittel zwischen dem rein Geistigen, zwischen dem reinen Gedanken, der übersinnlichen Welt und dem Sinnlichen, dem Unmittelbaren, der gegenwärtigen Empfindung. Beide Extreme versöhnt die Kunst als bindendes Mittelglied von Begriff und Natur. Diese Bestimmung haben auch Religion und Philosophie, aber die Kunst stellt das Höhere selbst auf sinnliche Weise dar und bringt es so der empfindenden Natur näher. 6

Die Kunst wendet sich an unsere Vorstellung, an unsere Anschauung, und es ist gleichgültig, ob ihr Gegenstand wirklich existiert oder ob von einer Vorstellung ausgegangen wird, die nur die Kunst gibt. Sie hat ihren Quell in der freien Phantasie und ist somit unbegrenzt, dennoch dürfen ihre Formen nicht 7

6 Die Kunst ist gleichsam ein Bindemittel zwischen dem rein Geistigen und dem Sinnlichen. Zuerst ist die Kunst, (wie wir es bei allen Völkern finden); später tritt Reflexion hinzu; also ist überhaupt Kunst früher da gewesen, als die Reflexion darüber, so wie der Staat eher da war, als die Idee des Staates. [S. 21/18]
Sie ist das Mittelglied zwischen dem reinen Gedanken, der übersinnlichen Welt, und dem Unmittelbaren, der gegenwärtigen Empfindung, welche sinnliche Region vom Gedanken als solchem als ein Jenseits dargestellt wird. Beide Extreme versöhnt die Kunst, ist das bindende Mittelglied des Begriffs und der Natur. Diese Bestimmung also hat die Kunst einerseits mit der Religion und Philosophie gemein; sie hat aber die eigentümliche Weise, daß sie das Höhere selbst auf sinnliche Weise darstellt und der empfindenden Natur so näherbringt. [S. 5/01]

7 Die Kunst wendet sich an unsere Vorstellung, Anschauung, und es ist gleichgültig, ob von wirklicher Existenz ausgegangen wird, oder von einer Vorstellung, die nur die Kunst gibt. [S. 11]
Der würdige Inhalt bedarf einer angemessenen Form. [S. 5/22]

8 Die höchste Bestimmung hat die Kunst, um den Gedanken aussprechen zu können, gemein mit der Religion und Philosophie, sie ist wie diese beiden eine Art und Weise, das Göttliche, die höchsten Forderungen des Geistes auszusprechen

zufällig oder beliebig sein, denn im jeweiligen Inhalt ist seine Form bestimmt, der würdige Inhalt bedarf einer angemessenen Form.

In der Kunst haben die Völker ihre höchsten Vorstellungen niedergelegt, und sie ist oft der einzige Schlüssel, um die Religion eines Volkes zu erkennen. Die höchste Bestimmung der Kunst ist für uns vergangen, die eigentümliche Vorstellung der Kunst hat nicht mehr die Unmittelbarkeit für uns, die sie zur Zeit ihrer höchsten Blüte hatte. Sie gewährt unserem geistigen Bedürfnis nicht mehr die Befriedigung, welche zu anderen Zeiten andere Völker durch sie gesucht und durch sie allein gefunden haben. Wenn wir also sagten, sie sei eine Weise, dem Geist seine Interessen zum Bewußtsein zu bringen, so ist sie nicht die höchste Weise, die Wahrheit auszusprechen. Kunst ist ihrem Inhalt nach beschränkt und hat ein sinnliches Material, und deswegen ist auch nur eine gewisse Stufe der Wahrheit fähig, Inhalt der Kunst zu sein. Denn es gibt eine tiefere Existenz der Idee, die das Sinnliche nicht mehr auszudrücken vermag, und dies ist der Inhalt unserer Bildung. Darum nimmt die Kunst eine andere Gestalt als auf früheren Stufen an. Unsere Welt und Vernunftbildung ist über die Kunst als höchste Stufe, das Absolute auszudrücken, hinaus. Das Kunstwerk kann unser letztes, absolutes Bedürfnis nicht ausfüllen, wir beten kein Kunstwerk mehr an, unser Verhältnis zum Kunstwerk ist freier als früher und besonnener Art, 8

und zum Bewußtsein zu bringen. In der Kunst haben die Völker ihre höchsten Vorstellungen niedergelegt, und sie ist oft der einzige Schlüssel, die Religion des Volkes zu erkennen. [S. 4/23]
Die höchste Bestimmung der Kunst ist im ganzen für uns ein Vergangenes, ist für uns in die Vorstellung hinübergetreten, die eigentümliche Vorstellung der Kunst hat nicht mehr die Unmittelbarkeit für uns, die sie zur Zeit ihrer höchsten Blüte hatte. [S. 7]
Die Kunst gewährt unserem geistigen Bedürfnis nicht mehr die Befriedigung, welche zu anderen Zeiten andere Völker durch die Kunst gesucht und durch sie allein gefunden haben. [S. 8]
Wir haben ferner zu bemerken, daß, wenn wir sagten, die Kunst sei eine Weise, dem Geist seine Interessen zum Bewußtsein zu bringen, die Kunst nicht die höchste Weise sei, die Wahrheit auszusprechen. Über diese Verirrung, die Kunst als die absolute Weise anzunehmen, ist noch später zu reden. [S. 5/23]
Die Kunst ist auch ihrem Inhalt nach beschränkt, hat ein sinnliches Material, und deswegen ist auch nur eine gewisse Stufe der Wahrheit fähig, Inhalt der Kunst zu sein. Denn es gibt eine tiefere Existenz der Idee, die das Sinnliche nicht mehr auszudrücken vermag, und dies ist der Inhalt unserer Religion, Bildung. Hier nimmt die Kunst eine andere Gestalt als auf früheren Stufen an. [S. 5/28]
Unsere Welt, Religion und Vernunftbildung ist über die Kunst als höchste Stufe, das Absolute auszudrücken, um eine Stufe hinaus. Das

es erreicht unser Urteil. Den Inhalt des Kunstwerks und die Angemessenheit der Darstellung unterwerfen wir unserer betrachtenden Prüfung. Wir achten und haben die Kunst, sehen sie aber als kein Letztes an, sondern denken über sie nach. Dies Denken kann nur die Absicht haben, ihre Leistung zu erkennen. Wenn wir uns zunächst nur vorstellen, daß es Kunstwerke gibt, 9 ist in dieser Vorstellung dreierlei enthalten: erstens, daß die Kunst kein Naturprodukt, sondern ein vom Menschen Gemachtes ist und zweitens, daß sie für den Menschen produziert ist und drittens, daß das Kunstwerk einen besonderen, spezifischen Zweck in sich hat. Diese drei Seiten sollen nun nacheinander betrachtet werden.

Das Kunstwerk ist vom Menschen produziert

Es wird gesagt, das Kunstprodukt stehe als Menschenwerk dem 10 Naturprodukt nach, und man setzt die Naturprodukte höher als die menschlichen, indem man das Naturwerk Gott, das Kunstwerk nur dem Menschen zuschreibt. Indem man so das Menschliche und das Göttliche gegenübersetzt, setzt man zugleich, daß das, was der Mensch tut, kein Göttliches sei und daß Gott im Menschen nicht wirke wie in der Natur. Das Kunstwerk ist als Ding freilich kein Belebtes, und das Lebendige ist höher als das Tote. Aber nach der Seite des Dingseins ist das Menschenwerk nie Kunstwerk, Kunstwerk ist es nur als Geistiges.

Kunstwerk kann also unser letztes, absolutes Bedürfnis nicht ausfüllen, wir beten kein Kunstwerk mehr an, und unser Verhältnis zum Kunstwerk ist besonnener Art. [S. 6/04]
Das Kunstwerk erreicht unser Urteil; den Inhalt des Kunstwerks und die Angemessenheit der Darstellung unterwerfen wir unserer betrachtenden Prüfung. [S. 6/13]
Wir achten und haben die Kunst, sehen sie aber als kein Letztes an, sondern denken über sie nach. Dies Denken kann (nur) die Absicht haben, ihre Leistung zu erkennen. [S. 6/17]
Zuerst ist die Kunst, wie wir es bei allen Völkern finden; später tritt Reflexion hinzu; also ist überhaupt Kunst früher da gewesen, als die Reflexion darüber, so wie der Staat eher da war, als die Idee des Staates. [S. 21/19]

9 Wir haben zunächst nichts als die Vorstellung, daß es Kunstwerke gibt. [S. 7/04]
In unserer Vorstellung werden wir dreierlei finden: daß die Kunst kein Naturprodukt, sondern ein vom Menschen Gemachtes sei und zweitens für den Menschen produziert sei und zunächst aus dem Sinnlichen für den Sinn genommen. [S. 7/16]
Das dritte ist, daß das Kunstwerk einen besonderen Zweck in sich habe. [S. 7/23]

10 Die dritte Bemerkung könnte sein, daß das Kunstprodukt mit dem Naturprodukt verglichen wird in Rücksicht, daß das Kunstprodukt als Menschenwerk dem Naturprodukt nachstehe. [S. 11/08]

Das Göttliche ist im Kunstwerk durch ein viel höheres Medium hervorgebracht, und das äußerliche Dasein in der Natur ist eine dem Göttlichen weniger angemessene Weise der Darstellung. Im Geist ist das Göttliche ein Bewußtes und ein vom Bewußtsein Hervorgebrachtes. Gott im Menschen wirkt auf eine wahrhaftere Weise als im Boden der bloßen Natürlichkeit. Kunstschönes ist vom Geiste erzeugt, kommt aus ihm, entspringt aus ihm, geht aus ihm hervor, und darum ist es höher als die Natur.

Wenn das Kunstwerk vom Menschen gemacht ist, gibt es Regeln, nach denen es hervorgebracht wird, aber: Die Regel steht der Freiheit des Menschen entgegen. Der freie, lebendige Geist ist Totalität, die Regel ist aber etwas Abstraktes, Einseitiges und beschränkt ihn. Die Produktion von Kunst ist nicht vollständig in Regeln fassbar, die nach formeller Bestimmtheit vollzogen wird und dann auch einfach nachvollzogen werden könnte. Eine besondere Fähigkeit des Subjekts, eine besondere Art von Natur, ein eigentümlich begabter Geist kommt hinzu. Talent als eine spezifische Befähigung des Geistes gehört zur Kunstproduktion dazu, und so kann die Ansicht nicht aufkommen, jeder könne Kunstwerke hervorbringen. 11

In der Genieperiode, die durch Goethe und Schillers erste Werke herbeikam, als diese Dichter in ihren Produkten alle Regeln hintangesetzt haben, hielt man bei der Produktion von Kunstwerken alles Bewußtsein über das Tun für nachteilig, 12

Und so wird die gewöhnliche Reflexion gemacht, die Naturprodukte höher als die menschlichen zu setzen, indem wir das Naturwerk Gott zuschreiben, das Kunstwerk nur dem Menschen. Was diesen Gegensatz, diese Stellung des Werkes betrifft, so muß dazu gesagt werden, daß als Ding das Kunstwerk freilich kein Belebtes ist, und, indem es so kein äußerlich Lebendiges ist, ist das Lebendige höher als das Tote. Aber nach dieser Seite des Dingseins ist es kein Kunstwerk, sondern Kunstwerk ist es nur als Geistiges. [S. 11/14]
Daß man das Menschliche und Göttliche gegenübersetzt, darin liegt einerseits der Mißverstand, daß, was der Mensch tut, daß dies kein Göttliches sei; daß Gott im Menschen nicht wirke wie in der Natur. Im Geist hat das Göttliche die Form, ein Bewußtes und vom Bewußtsein hervorgebracht worden zu sein. [S. 12/04]
Das Göttliche also im Kunstwerk ist durch ein viel höheres Medium hervorgebracht. Das äußerliche Dasein in der Natur ist viel weniger eine dem Göttlichen angemessene Weise der Darstellung. Diesen Missverstand also, daß das Kunstwerk nur Menschenwerk sei, muß man durch richtige Bestimmung entfernen. Gott im Menschen wirkt auf eine wahrhaftere Weise als im Boden der bloßen Natürlichkeit. [S. 12/11]
Das Kunstschöne aber ist vom Geiste erzeugt, und nur darum ist es höher als die Natur. [S. 1]

11 Die Regel ist aber bei der Kunst auch etwas Ungeschicktes. Denn die Regel steht der Freiheit

man nannte das Produzieren einen Zustand der Begeisterung. Wir wollen uns in die verwirrten Begriffe von der Begeisterung nicht einlassen.

Warum produziert der Mensch ein Kunstwerk? Der Mensch ist denkend, bewußt. Indem er Bewußtsein ist, muß er das, was er ist und was überhaupt ist, vor sich hinstellen, zum Gegenstand für sich haben. Die natürlichen Dinge sind nur einfach. Doch der Mensch als Bewußtsein verdoppelt sich, er ist einmal, dann ist er für sich, treibt, was er ist, vor sich, schaut sich an, stellt sich vor, ist Bewußtsein von sich, und er bringt nur vor sich, was er ist. Das Kunstwerk ist also eine Art Selbstanschauung. Der Mensch tut dies, um aus der Gestalt der Dinge sich selbst wieder zu erkennen. Das Denken hat Gedanken, das, was vom Denken herrührt, wird geistig oder sinnlich zu Gedanken. Das Seiende steht dem Denken gegenüber. Das Denken fühlt nicht nur sich, sondern auch sich in seiner Entäußerung. So gehört das Kunstwerk in das Gebiet des Geistes, das aus dem Geiste produziert wird und sich ihm entrückt. 13

Das Kunstwerk ist für den Sinn gemacht

Das Kunstwerk ist für den Sinn des Menschen bestimmt und muß daher sinnlichen Stoff haben. Aus dem Sinnlichen wurde abgeleitet, es handle sich bei der Kunst darum, angenehme Empfindungen zu erregen. Kunst aber hat mit Empfindung nichts zu 14

des Menschen entgegen; ich als freier Geist bin Totalität, die Regel ist aber etwas Abstractes, Einseitiges, und so beschränkt sie meinen freien, lebendigen Geist. [S. 22/06]

12 Hier wollen wir nur bemerken, daß bei der Produktion alles Bewußtsein über das Tun ist für nachteilig gehalten worden, so daß man das Produzieren für einen Zustand hielt, den man Begeisterung nannte. [S. 9/23]
Es war dies die Genieperiode, die herbeikam durch Goethe und Schillers erste Produktion. Diese Dichter sind in ihren Produkten von vorne ausgegangen mit Hintansetzung aller Regeln. [S. 9/28]
Wir wollen uns in die verwirrten Begriffe von der Begeisterung nicht einlassen. [S. 10/02]

13 Indem er Bewußtsein ist, muß er das, was er ist und was überhaupt ist, vor sich hinstellen, zum Gegenstand für sich haben. Die natürlichen Dinge sind nur, sind nur einfach, nur einmal. Doch der Mensch als Bewußtsein verdoppelt sich, ist einmal, dann ist er für sich, treibt, was er ist, vor sich, schaut sich an, stellt sich vor, ist Bewußtsein von sich; und er bringt nur vor sich, was er ist. [S. 12/28]
Er tut dies, um aus der Gestalt der Dinge sich selbst wiederzuerkennen. [S. 13/13]
Das Denken hat Gedanken, was vom Denken herrührt, wird gedacht (geistig oder sinnlich) zu Gedanken, das Seiende steht dem Denken gegenüber. Das Denken aber fühlt nicht nur sich,

tun. Die Untersuchung, welche Empfindungen erweckt werden sollen, führt nicht weit. Die Empfindung ist die dumpfe, unbestimmte Region des Geistes oder die Form dieser Region. Was empfunden wird, ist verdumpft, eingehüllt und subjektiv. Im Gefühl ist immer nur die subjektive Besonderheit erhalten, und darum fühlen die Menschen gern. Bei der bloß empfindenden Betrachtung erhält sich das Subjekt in seiner Besonderheit, es wird nicht die Sache selber betrachtet. Diese Betrachtung hat durch die Aufmerksamkeit auf die kleinliche Besonderheit des Subjekts ein Langweiliges. Solche Anschauung hat ein Widriges. Das Kunstwerk muß die Besonderheit des Subjekts vergessen lassen.

Ein weiterer Vorschlag lautet, das Kunstwerk solle das Gefühl des Schönen erregen. Dies setzt das Gefühl als den Sinn für das Schöne voraus. Dieser Sinn müsse durch Geschmacksbildung ausgebildet werden. Unter Geschmack versteht man die äußere gehörige Beurteilung des Kunstwerks, und Geschmacksbildung heißt, die Kunst beurteilen zu lernen. Geschmack als das Empfinden des Schönen wäre eine Weise, das Schöne unmittelbar zu finden und aufzunehmen, es wäre eine Weise, sich gegenüber dem Schönen unmittelbar sinnlich zu verhalten. Der Sinn ist aber an die Oberfläche des Kunstwerks verwiesen und kann nur jene Einzelheiten aufnehmen, die mit einer Empfindung übereinstimmen. Ein solcher Sinn geht notwendig auf 15

sondern auch sich in seiner Entäußerung. So gehört das Kunstwerk in das Gebiet des Geistes, als das, was aus dem Geiste produziert wird und sich ihm entrückt; so wird er sich selbst nicht ungetreu. [S. 54]

14 Die zweite Bestimmung, die wir am Kunstwerk fanden, ist, daß es für den Menschen, und zwar für seinen Sinn bestimmt sei und sinnlichen Stoff daher haben müsse. [S. 14/01]
Die Untersuchung, welche Empfindungen erweckt werden sollen, führt nicht weit. Die Empfindung ist die dumpfe, unbestimmte Region des Geistes oder die Form dieser Region. Was empfunden wird, ist verdumpft, eingehüllt und subjektiv. [S. 14/22]
Im Gefühl ist immer nur meine Besonderheit erhalten. Und darum fühlen die Menschen gern. Das Kunstwerk, die religiöse Betrachtung muß die Besonderheit vergessen lassen. Bei der Betrachtung mit der Empfindung wird nicht die Sache selbst betrachtet, sondern das Subjekt in seiner Besonderheit ist darin erhalten, und deshalb hat diese Betrachtung ein Langweiliges durch die Aufmerksamkeit auf seine kleinliche Besonderheit; solche Anschauung hat ein Widriges. [S. 15/21]

15 Da sagte man, das Kunstwerk solle das Gefühl des Schönen erregen. Man sprach also von einer Seite des Gefühls als dem Sinn für das Schöne. [S. 16/01]

Äußerlichkeiten, die für die Sache nur Nebensachen sind. Die Kleinigkeitskrämerei des Geschmacks endet und findet keinen Halt mehr, wenn die Künstler große Leidenschaften und Charaktere darbieten. Wo der Genius auftritt, tritt der Geschmack zurück.

Sodann löst der Kenner den Mann von Geschmack ab. Kennerschaft geht nicht auf Empfindung, sondern auf bestimmte Kenntnis, auf alle Seiten des Kunstwerks. Sie schließt das Nachdenken über ein Kunstwerk ein, während der Geschmack nur auf eine ganz äußerliche Reflexion geht. Das Kunstwerk hat die Seiten, welche den Kenner beschäftigen: es hat eine historische Seite, eine Seite des Materials, es ist an eine Stufe technischer Ausbildung gebunden und auch die Individualität des Künstlers zeigt sich. Die Kennerschaft nimmt sich auch der Technik und der äußeren historischen Umstände an, und zum Genuss des Kunstwerks sind diese gründlichen Kenntnisse notwendig. Die Kennerschaft leistet also viel, sie ist ein notwendiges Moment der Kunst und wird zur eigenen Wissenschaft. Aber: Das Sinnliche, wie es in der Kunst vorkommt, ist weder für die Empfindung, noch für den Geschmack, noch für den Kenner, noch für die Wissenschaft. Worin also liegt dann das Besondere des Sinnlichen der Kunst, wie ist dies besonders Sinnliche geartet? 16

Unter Geschmack versteht man die äußere gehörige Beurtheilung des Kunstwerks, auch dessen Behandlung. [S. 22/21]
Man muß darunter verstehn: Die Kunst beurtheilen zu lernen. [S. 22/17]
Der Geschmack heißt dann also das Empfinden des Schönen, ein Auffassen, das als Empfindung bleibt und durch Bildung sich so gemacht hat, daß es unmittelbar das Schöne findet, wo und wie es ist. [S. 16/09]
Ein solcher Sinn geht nur auf Äußerlichkeiten, die für die Sache nur Nebensachen sind. [S. 16/27]
Wo der Genius auftritt, tritt der Geschmack zurück. [S. 16/31]

---

16 Die Kennerschaft nun kann sich auch an bloße Äußerlichkeiten halten, an das Technische, das Historische, ohne von der tieferen Natur etwas zu ahnen. Sie kann sogar ihr Historisches über jenes Tiefe setzen. Aber sie geht doch auf bestimmte Kenntnis, auf alle Seiten des Kunstwerks, sie schließt die Reflexion über ein Kunstwerk in sich, während der Geschmack nur zu einer ganz äußerlichen Reflexion fortgeht. Das Kunstwerk also hat die Seiten nötig, welche den Kenner beschäftigen; es hat eine historische Seite, eine Seite des Materials und eine Menge Bedingungen seines Hervorgehens. Es ist gebunden an eine Stufe technischer Ausbildung; die Individualität des Künstlers ist auch eine Seite, die sich zeigt. [S. 17/10]

---

17 Der Mensch ist die Amphibion, das zweien Welten angehört, einer geistigen, und einer sinnli-

Der Mensch gehört zwei Welten an, einer geistigen und einer sinnlichen, einerseits ist er ein freies Wesen, andrerseits ist er der Natur unterworfen. Das Sinnliche des Kunstwerks ist für das Innere des Menschen, für den Geist. Es ist sinnlicher Schein und nicht Sinnliches für die Begierde. Begierde kommt mit Kunst-Sinnlichem nicht zusammen, denn Begierde geht auf das Konkrete, bedarf des Naturprodukts, geht auf das Einzelne und verzehrt es. Die Begierde kann keine Kunstprodukte gebrauchen, und das Kunstinteresse ist ohne Begierde. Kunstwerke sind für die Intelligenz, für die geistige Betrachtung, nicht für die bloß sinnliche. Die theoretische Betrachtung der sinnlichen Dinge will Kenntnis über sie erhalten, ihr Wesen, ihr Inneres kennen lernen, sie geht daher auf das Allgemeine der sinnlichen Dinge, nicht auf ihre Einzelheit, nicht auf ihr unmittelbares Dasein. Auf diese Weise läßt das theoretische Interesse die Dinge frei und verhält sich selbst gegen sie frei. Die Intelligenz erfaßt das Wesen, das Allgemeine der Dinge, den Begriff des Gegenstandes, sie hat den Gedanken, das abstrakt Allgemeine zu ihrem Zweck, ihr Gegenstand ist also etwas anderes als das, was ihr unmittelbar in den Dingen gegeben ist. Sie geht über das Unmittelbare hinaus. Die Kunst tut dies nicht, sie geht über das Sinnliche, das ihr geboten wird, nicht hinaus, sondern hat das Sinnliche, wie es unmittelbar ist, zum Gegenstande. Die Kunst läßt aber die Gegenstände ebenfalls frei sein, sie ist eine freie

17

chen; einerseits ist er ein freies Wesen, andrerseits der Natur unterworfen. [S. 25/16]
Betrachten wir das Sinnliche näher, wie es für den Menschen ist, so hat es zwei Seiten des Verhältnisses: Das Sinnliche wird angeschaut; nach dieser Seite ist es nicht für den Geist, sondern für das Sinnliche. Diese Seite also der bloßen Anschauung lassen wir beiseite. Näher ist das Sinnliche des Kunstwerks für das Innere des Menschen, für etwas, was wir auch Geist nennen können. [S. 18/18]
Das Kunstinteresse ist ohne Begierde und verhält sich daher nicht zu sinnlich Konkretem. –Andrerseits sind nun die Kunstwerke auch für die Intelligenz, für die geistige Betrachtung, nicht für die bloß sinnliche. Die theoretische Betrachtung der sinnlichen Dinge hat das Bedürfnis, Kenntnis über sie zu erhalten, ihr Wesen, ihr Inneres kennenzulernen. Die theoretische Betrachtung geht daher auf das Allgemeine der sinnlichen Dinge, nicht auf ihre Einzelheit, nicht auf ihr unmittelbares Dasein. Daher läßt das theoretische Interesse die Dinge frei und verhält sich demnach selbst gegen sie frei. Die Begierde ist gebunden und zerstörend, gehört dem Einzelnen als solchen an, die Intelligenz dem Einzelnen als zugleich Allgemeinem. Das Interesse der Kunst streift an die Seite des Interesses der Intelligenz; auch sie läßt die Gegenstände frei sein, ist eine freie Betrachtung in dem Sinne, sich gegenüber die Dinge existieren zu lassen. Das Interesse der Intelligenz aber ist, das Wesen, das Allgemeine der Dinge zu

Betrachtung in dem Sinne, daß sie die Dinge sich gegenüber existieren läßt.

Das Sinnliche der Kunst ist kein Sinnliches für den Begriff, die Kunst geht auf das Sinnliche des Scheins, und sie hat den reinen Schein als ein Kunst-Sinnliches hervorzubringen. Die sinnliche Oberfläche, das Erscheinen des Sinnlichen als solches ist der Gegenstand der Kunst. Der Geist will in der Kunst nicht den Gedanken, das Allgemeine, sondern er will das sinnlich Einzelne, abstrahiert vom Gerüst der Materiatur, er will nur die Oberfläche des Sinnlichen. Das Sinnliche ist in der Kunst zum Schein erhoben, und die Kunst steht in der Mitte zwischen dem Sinnlichen als solchen und dem reinen Gedanken. Das Sinnliche ist in der Kunst nicht das sinnlich Unmittelbare, in sich Selbständige des Materiellen, wie Stein, Pflanze und organisches Leben, sondern das Sinnliche ist für ein Ideelles, aber nicht für das abstrakt Ideelle des Gedankens. [18]

Das Kunst-Sinnliche, der rein sinnliche Schein der Kunst existiert nur als Gestalt. Und die Gestalt trifft gegenständig zu Aussehen und Klingen auf zwei Sinne, auf Gesicht und Gehör. Nicht alle Sinnesorgane haben es mit der Kunst zu tun. Geruch ist mit materieller Verflüchtigung verbunden, Geschmack hat es mit materieller Auflösung zu tun, Gefühl mit Wärme und Kälte etc. Geruch, Geschmack und Gefühl beziehen sich auf die Materie der Dinge, auf die unmittelbare Sinnlichkeit, nicht auf das Sinnliche [19]

erfassen, den Begriff des Gegenstandes. [S. 19/18] Die Wissenschaft hat den Gedanken, das abstrakt Allgemeine, zu ihrem Zweck, hat ein anderes zu ihrem Gegenstande als ihr unmittelbar in den Dingen gegeben ist; sie geht also über das Unmittelbare hinaus. Die Kunst tut dies nicht, geht über das Sinnliche, das ihr geboten wird, nicht hinaus, sondern hat das Sinnliche, wie es unmittelbar ist, zum Gegenstande. [S. 20/03]

---

18 Uns bleibt nun noch dies übrig zu sagen, daß die sinnliche Oberfläche, das Erscheinen des Sinnlichen als solchen, der Gegenstand der Kunst sei, während die äußerliche empirische Ausbreitung der konkreten Materiatur für die Begierde ist. Auf der anderen Seite aber will der Geist nicht den Gedanken, das Allgemeine, die Gestaltung des Sinnlichen, sondern er will das sinnlich Einzelne, abstrahiert vom Gerüst der Materiatur. Der Geist will nur die Oberfläche des Sinnlichen. Das Sinnliche somit ist in der Kunst zum Schein erhoben, und die Kunst steht in der Mitte somit zwischen dem Sinnlichen als solchen und dem reinen Gedanken; das Sinnliche ist in ihr nicht das Unmittelbare, in sich selbständige des Materiellen, wie Stein, Pflanze und organisches Leben, sondern das Sinnliche ist für ein Ideelles, aber nicht das abstrakt Ideelle des Gedankens. [S. 20/18]

---

19 Die Kunst also hat vergeistigtes Sinnliches sowie versinnlichtes Geistiges zum Material. [S. 21/17]

für den Geist. Die Kunst hat nie mit unmittelbar Sinnlichem zu tun, sondern sie hat vergeistigtes Sinnliches sowie versinnlichtes Geistiges zum Material. Demnach ist die produktive Tätigkeit des Künstlers, die Art und Weise seines Produzierens geistige Tätigkeit, die zugleich das Moment der Sinnlichkeit, der Unmittelbarkeit in sich hat. Die Tätigkeit ist nicht mechanisch, nicht wissenschaftlich, sie hat es nicht mit reinen oder abstrakten Gedanken zu tun, sondern das geistige und sinnliche Produzieren des Künstlers ist in Formen gefasst. Von der Phantasie des Künstlers wird der geistige Gehalt sinnlich gestaltet, sie bringt sich all das, was in ihr ist, sinnlich zu Bewusstsein. Der Geist macht sich in der produktiven Phantasie das, was er in sich hat, in einzelnen Beispielen bewusst, exemplifiziert es auf konkrete, auf sinnliche Weise. In ihren Inhalt kann alles eintreten, aber die Art und Weise, ihn zum Bewußtsein zu bringen, ist die bestimmte sinnliche Darstellung. Dafür bedarf es des Talents, und insofern ist in jedem Kunstwerk ein Moment unmittelbarer Natürlichkeit, eine Naturgabe enthalten. Einem Bildhauer wird früh alles zu Gestalten, dem Dichter alles früh zu Versen.

Das Kunstwerk hat einen Zweck

Der Inhalt des Kunstwerks scheint aus einem unmittelbar Gegebenen, aus der Natur oder den menschlichen Verhältnissen genommen zu sein. So könnte man meinen, die Aufgabe der 20

Die Art und Weise seiner Produktion muß ebenso beschaffen sein, wie die Bestimmung des Kunstwerks es erfordert; sie muß geistige Tätigkeit sein, die aber zugleich das Moment der Sinnlichkeit, der Unmittelbarkeit in sich hat. Die Tätigkeit ist also nicht mechanisch, nicht wissenschaftlich, hat es nicht mit reinen Gedanken oder abstrakten zu tun, sondern das geistige und sinnliche Produzieren muß in Formen gefaßt sein. [S. 21/24]
Von der Phantasie wird der geistige Gehalt sinnlich gestaltet. [S. 22/09]
In ihren Inhalt kann alles eintreten, aber die Art und Weise, ihn zum Bewußtsein zu bringen, ist die bestimmte sinnliche Darstellung. [S. 22/22]
Einem Bildhauer wird früh alles zu Gestalten, dem Dichter alles früh zu Versen. [S. 23/25]

20 Wir sagten ferner, daß auch der Inhalt des Kunstwerks in seiner Hauptseite der Gestaltung scheint aus dem Sinnlichen, aus einem unmittelbar Gegebenen – der Natur oder dem menschlichen Verhältnis – genommen zu sein. [S. 24/08]
Geist ist ein schlechthin notwendiges Moment des Kunstwerks selbst. Bei der Nachahmung des Natürlichen ist nur der Zweck, daß es so, wie es ist, uns unmittelbar dargestellt wird. [S. 56]
Das erste, was uns hierbei einfallen kann, ist die Nachahmung der Natur, daß also die Kunst solle eine treue Vorstellung des sonst schon Vorhandenen geben. Der Zweck wäre dann Erinnerung. Aber in diesem Zweck kann die Kunst nicht freie, schöne Kunst sein. [S. 25/05]

Kunst sei die Nachahmung der Natur, die treue Vorstellung des sonst schon Vorhandenen. Es kommt aber nicht darauf an, etwas aus der Natur streng nachzubilden, wie es etwa bei naturhistorischen Forschungen und Nachbildungen der Fall ist, bei der die Nachahmung des Natürlichen der Zweck ist, bei der es darauf ankommt, daß etwas so, wie es ist, uns unmittelbar dargestellt wird. Auch kann die Nachahmung und treue Widergabe eines schon sinnlich Vorhandenen schon deshalb nicht die wesentliche Bestimmung des Kunstwerks sein, weil dann der Zweck Erinnerung wäre, und in diesem Zweck kann die Kunst nicht freie, schöne Kunst sein. Im Zusammenhang mit dem Nachahmen der Natur könnte noch die Geschicklichkeit des Künstlers als Kunstzweck erscheinen, wie in der Erzählung über den griechischen Maler Zeuxis, der Trauben so geschickt malen konntc, dass Tauben angeflogen kamen, sie zu fressen. Der Maler würde nur seine Geschicklichkeit zeigen wollen, ohne Reflexion auf den objektiven Wert des Darzustellenden, und die Kunst in diesem Triumph menschlicher Geschicklichkeit muß doch stets hinter der Natur zurückbleiben. Das sind nur Kunststücke, nicht Kunstwerke.

Der Inhalt der Kunst kommt zwar aus der Natur oder aus menschlichen Verhältnissen, also aus einem Gegebenen, aber der Künstler bringt einen eigentümlichen Inhalt zur Darstellung. Die Kunst stellt Menschliches, aus dem Geiste Kommendes dar, ihr Inhalt 21

Es kann freilich ein Interesse des Manschen sein, daß er auch wolle einen Schein hervorbringen wie die Naturgestalten. Aber dies wäre nur das ganz subjektive Interesse, daß der Mensch seine Geschicklichkeit zeigen wolle, ohne Reflexion auf den objektiven Wert des Darzustellenden. [S. 25/21]
In diesem Sinne ist die Kunst nur ein eigener Triumph menschlicher Geschicklichkeit, die doch hinter der Natur zurückbleiben muß. So sind also in dieser Rücksicht nur Kunststücke, nicht Kunstwerke vor uns. [S. 23/04]

21 Im Allgemeinen hat die Kunst diesen Zweck, anschaulich zu machen, was im menschlichen Geist überhaupt ist, was der Mensch in seinem Geist Wahres hat, was die Menschenbrust in ihrer Tiefe aufregt, was im Menschengeist Platz hat. Dies stellt allerdings die Kunst dar, und sie stellt es durch den Schein dar. [S. 26/05]
Die Kunst unterrichtet insofern den Menschen vom Menschlichen. [S. 26/10]
Das Kunstwerk ist demnach vom Menschen gemacht, damit das Bewußtsein sich selbst zum Gegenstande werde. [S. 3/26]

22 Aber in diesem Menschlichen, in diesen Gefühlen, Neigungen und Leidenschaften ist unterschiedslos Niederes sowie Hohes, Gutes und Böses enthalten. Und in betreff hierauf vermag die Kunst zum Höchsten zu begeistern und zum Sinnlichen zu entnerven und zu schwächen. Und so sieht man sich nach einem höheren Zwecke

ist der ganze Inhalt des Gemüts und des Geistes. Die Kunst hat den Zweck, anschaulich zu machen, was im menschlichen Geist überhaupt ist, was der Mensch in seinem Geist Wahres hat, was die Menschenbrust in ihrer Tiefe aufregt, was im Menschengeist Platz hat. Sie unterrichtet insofern den Menschen vom Menschlichen. Dies stellt die Kunst durch den Schein dar, und das Kunstwerk ist demnach vom Menschen gemacht, damit das Bewußtsein sich selbst zum Gegenstande werde.

Aber in diesem Menschlichen, in diesen Gefühlen, Neigungen und Leidenschaften ist unterschiedslos Niederes sowie Hohes, Gutes und Böses enthalten, und die Kunst vermag zum Höchsten zu begeistern und zum Sinnlichen zu entnerven und zu schwächen. Was die Brust bewegt, ist sehr verschieden, und die Kunst soll einen Unterschied machen hinsichtlich dessen, was sie aufregen will. So sieht man sich nach einem höheren Zwecke um, der Wesentliches enthalten soll, und bestimmt den formellen Zweck der Kunst: Milderung der Barbarei. Es käme also darauf hinaus, die Rohheit zu überwinden und die Triebe, Neigungen und Leidenschaften zu bilden und zu formen. 22

Rohheit ist eine Befriedigung der Leidenschaften und Triebe, sie geht direkt und einzig auf die Befriedigung der Begierde und macht jeden Gegenstand ausschließlich zu einem Mittel. Begierden und Leidenschaften sind desto roher, je mehr sie als einzelne und beschränkte den ganzen Menschen einnehmen. 23

um, der ein An-und-für-sich-Seiendes, Wesentliches enthalten soll. Denn was die Brust bewegt, ist von sehr verschiedenem Inhalt, und die Kunst soll einen Unterschied machen hinsichtlich dessen, was sie aufregen will. So bezieht man Kunst drittens auf einen höheren Zweck und sucht, ihn zu bestimmen. [S. 26/15]
Dieser formelle Zweck wäre Milderung der Barbarei überhaupt. [S. 26/25]

23 Diese mildert die Kunst, insofern sie die Leidenschaften selbst, die Triebe und überhaupt, was der Mensch so ist, dem Menschen vorstellig macht. [S. 27/27]
So vermag sie doch die Triebe darzustellen, dem Menschen, was er nur ist, zum Gegenstand zu machen, zum Bewußtsein zu bringen. [S. 28/05]
Denn durch das Gegenständlichmachen kommt das Innere heraus und steht dem Menschen äußerlich gegenüber. [S. 28/26]
Der Mensch betrachtet jetzt seine Triebe, die nun für ihn sind, außer ihm sind, denen er gegenübersteht, und schon beginnt er, in Freiheit gegen sie zu kommen. [S. 28/09]
Will man einen Endzweck nun des Kunstwerks aufstellen, so ist es dieser: die Wahrheit zu enthüllen, vorzustellen, was sich in der Menschenbrust bewegt, und zwar auf bildliche, konkrete Weise. Solchen Endzweck hat die Kunst mit der Geschichte, der Religion und anderem gemein. [S. 30/21]

Diese Rohheit wird schon dadurch gemildert, indem die Kunst die Leidenschaften durch Darstellung und Gestaltung entäußert und gegenüber stellt, also die Leidenschaften selbst, die Triebe und überhaupt, was der Mensch so ist, dem Menschen vorstellig macht. So vermag sie dem Menschen, zum Bewußtsein zu bringen, was er nur ist. Durch das Gegenständlichmachen kommt das Innere heraus und steht dem Menschen äußerlich gegenüber. Er betrachtet jetzt seine Triebe, sie sind außer ihm, geformt, er kann ihnen gegenüber stehen, sie anschauen und er beginnt, in Freiheit gegen sie zu kommen. Den Endzweck hat die Kunst mit der Geschichte, der Religion und anderem gemein: die Wahrheit zu enthüllen, vorzustellen, was sich in der Menschenbrust bewegt. Sie macht dies aber auf besondere Art, auf bildliche, konkrete Weise.

Der Endzweck des Kunstwerks ist zu unterscheiden von einem möglichen Nutzen der Kunst. Es gibt Dinge, die bloß Mittel sind und ihren Zweck außer sich haben. Zu diesen kann das Kunstwerk auch gehören, indem es z. B. Geld und Ehre und Ruhm bringen soll. Aber diese Zwecke gehen das Kunstwerk als solches nichts an. 24

Der Begriff der Kunst

Fragen wir nach dem Begriff der Kunst, so fragen wir nach dem jeweiligen Verhältnis von Inhalt und Form. Wir unterscheiden 25

24 Es gibt freilich Dinge, die bloß Mittel sind und ihren Zweck außer sich haben, und zu diesen kann das Kunstwerk auch in gewissem Sinn gehören als z. B. Geld und Ehre und Ruhm zu bringen, aber diese Zwecke gehen das Kunstwerk als solches nichts an. [S. 31/18]

25 Wir können damit zwei Bestimmungen unterscheiden: Die erste Bestimmung ist die Idee überhaupt, die andere ihre Gestaltung. Idee und Gestalt; die gestaltete Idee ist das Ideal. [S. 26]
Die Kunst stellt also den absoluten Begriff der sinnlichen Anschauung durch ein sinnliches Material dar: zu dieser Darstellung des Begriffs braucht sie Naturgestalten; dieser Gebrauch ist aber entfernt von der Nachahmung der Natur; [S. 35/24]

26 Der Inhalt ist der Gedanke, die Form das Sinnliche, die bildliche Gestalt. Das Abstrakte soll bildlich sich darstellen, der Inhalt also für sich selbst muß nach seiner eigenen Bestimmung zu dieser Darstellung fähig sein. [S. 32/21]
Daß also der Inhalt der Form fähig sei, ist die erste Bestimmung. [S. 32/30]
Die Idee kann diese und jene sein, durch das Formelle wird nur dargestellt, daß die Idee mit der Gestalt harmoniert und auf eine entsprechende Weise manifestiert wird. Die Mangelhaftigkeit der Darstellung ist nicht als Ungeschicklichkeit zu nehmen, sondern ist Mangelhaftigkeit der Idee. Unvollkommene Kunst überhaupt schließt in sich die Unvollkommenheit des Inhalts, und in der

damit zwei Bestimmungen: Die erste Bestimmung ist die Idee, die andere ihre Gestaltung. Der Inhalt ist der Gedanke, die Form das Sinnliche, die bildliche Gestalt. Die gestaltete Idee ist das Ideal. Die Kunst stellt also der sinnlichen Anschauung den absoluten Begriff durch ein sinnliches Material dar. Zur Darstellung des Begriffs braucht sie Naturgestalten, aber dieser Gebrauch ist nicht Nachahmung der Natur.

Soll sich das Abstrakte bildlich darstellen, muß der Inhalt für sich selbst nach seiner eigenen Bestimmung zu dieser Darstellung, zu dieser Form fähig sein. Die Idee kann diese oder jene sein, das Verhältnis von Inhalt und Form meint nur, daß die Idee mit der Gestalt zusammengeht und sie auf eine ihr entsprechende Weise manifestiert wird. Unvollkommene Kunst schließt die Unvollkommenheit des Inhalts in sich. Die Mangelhaftigkeit der Darstellung ist dann nicht Ungeschicklichkeit, sondern sie ist Mangelhaftigkeit der Idee. Im Anfange wird die Objektivierung dürftiger ausfallen, und eben darum wird das Gebilde abstrakter sein, es wird nur unvollkommen dem entsprechen, was im Gemüt ist. Je höher die Kunst steht, desto mehr wird das, was im Gemüt ist, zur Darstellung und Erkenntnis gebracht. 26

Die Idee als solche ist zwar das Wahre in seiner Allgemeinheit, aber das Ideale ist diese Idee zugleich mit der Individualität, Wirklichkeit, Subjektivität. Der Inhalt soll kein Abstraktum 27

höchsten Idee ist die Darstellung, d. i. die Gestalt, der Idee entsprechend. [S. 65F]
Im Anfange wird diese Objectivirung dürftiger ausfallen, und eben darum wird das Gebilde abstracter seyn, das mir zu Bewußtseyn gebracht wird; es wird nur unvollkommen dem entsprechen, was mir im Gemüthe ist. Je höher die Kunst steht, desto mehr wird das, was mir im Gemüthe ist, zur Darstellung, Erkenntniß gebracht. [S. 37/13]

27 Das zweite ist, daß der Inhalt nicht überhaupt soll ein Abstraktum sein; sondern aller Inhalt, der Wahrhaftes ist, ist kein Abstraktum, auch ohne Inhalt der Kunst zu sein. Auch das Gedachte als Gedachtes muß in sich ein Konkretes sein, ein Subjektives, Individuelles. Der Inhalt also, um wahrhaft zu sein, muß konkret sein. [S. 32/32]
Die Idee als solche ist das Wahre in seiner Allgemeinheit; das Ideale ist diese Idee zugleich mit der Individualität, Wirklichkeit, Subjektivität. Wir können sogleich zwei Bestimmungen unterscheiden, die eine Bestimmung ist die Idee, die andere die Gestalt, und beides zusammen ist das Ideale oder die Gestalt der Idee. [S. 65]
Die Idee ist nur wahrhaft, insofern sie in sich selbst vollkommene Bestimmtheit hat, insofern ihr Maß die wesentliche Bestimmung in ihr selbst ist, Totalität des Bestimmtseins in sich; die Bestimmtheit ist sozusagen der Anfang über die Erscheinung. Wenn die Idee also in sich wahr ist, so ist sie in sich konkret bestimmt, sie ist selbst ihr Gestalten, und insofern ihre Gestalt ihr eigenes

sein. Aller wahrhafte Inhalt muß, um wahrhaft zu sein, konkret sein. Auch das Gedachte als Gedachtes muß in sich ein Konkretes sein, ein Subjektives, Individuelles. Die Idee ist nur wahrhaft, insofern sie in sich selbst vollkommene Bestimmtheit hat. Die Bestimmtheit ist sozusagen der Anfang über die Erscheinung. Wenn die Idee also in sich wahr ist, so ist sie in sich konkret bestimmt, sie ist selbst ihr Gestalten, und insofern ihre Gestalt ihr eigenes Bestimmen ist, so wird sie wahrhaft. Wenn die wahre Gestalt an ihr erreicht ist, so ist sie selbst erreicht. Wenn die Idee unbestimmt ist, so ist sie noch unwahr, und dann ist sie noch unbestimmt und die Gestalt noch etwas Äußerliches, nicht durch sie selbst bestimmt.

28 Das Sinnliche ist wesentlich auch ein Konkretes, Individuelles, Einzelnes in sich. Was an sich wahr ist, ist ein Konkretes. In der Bestimmung, daß das sinnliche Element der Kunst im Inhalt und in der Darstellung konkret in sich ist, fallen Inhalt und Form zusammen.

Die Gliederung der Kunstwelt

29 Der allgemeine Teil der Philosophie der Kunst betrachtet die Idee des Schönen überhaupt, das Schöne als die Einheit des Inhalts und der Form, seiner Form als der Weise des Daseins dieses Inhalts, also das der Idee Angemessen-Sein und Angemessen-Machen des Materials. Dabei ist das Schöne als Ideal gefasst.

Bestimmen ist, so wird sie wahrhaft, wenn die wahre Gestalt an ihr erreicht ist, so ist sie selbst erreicht. Wenn die Idee unbestimmt ist, so ist sie noch unwahr, und dann ist sie noch unbestimmt und die Gestalt noch etwas Äußerliches, nicht durch sich selbst bestimmt. [S. 65F]

---

28 Das dritte ist, daß das Sinnliche wesentlich auch ein Konkretes ist, Individuelles, Einzelnes in sich. Was an sich wahr ist, ist ein Konkretes. Daß das sinnliche Element der Kunst auch konkret in sich sei – diese Bestimmung, die auf beiden Seiten, dem Inhalt und der Darstellung, die desselben ist – dies ist der Punkt, in welchem Inhalt und Form zusammenfallen. [S. 33/17]

...

30 Wenn wir also die Idee des Schönen an sich betrachtet haben werden, so haben wir dies Schöne so in seinen Formen zu betrachten, daß das Schöne selbst unter diese Formen und Bestimmungen gesetzt ist, daß dies also Bestimmungen der ganzen Totalität des Schönen überhaupt sind. Diese Bestimmungen sind hier diese Arten der Beziehungen der Idee auf ihre Gestalt, und dieser Unterschied kann nur in der Weise vorhanden sein, wie die Beziehung der Idee auf ihre Gestalt beschaffen ist. Die Idee ist der Einteilungsgrund. [S. 66]

Es ist also hier die Kunst, die sich als eine Welt entwickelt; das Schöne ist der Inhalt, der Gegenstand selbst, und der wahrhafte Gehalt des Schönen ist der Geist in seiner Wahrhaftigkeit,

Wenn wir die Idee des Schönen an sich betrachten, so haben wir die unterschiedlichen Arten der Beziehung der Idee auf ihre Gestalt zu betrachten. Das Verhältnis der Idee zu ihrer Gestalt, von Form und Inhalt ist anfänglich die Suche nach Form und nach Inhalt, sodann sind Inhalt und Form Eines und endlich treten Form und Inhalt in zwei Selbständige auseinander und in eine freie Beziehung zueinander. Es entwickelt sich die Kunst als eine Welt. Das Schöne ist der Inhalt, ist der Gegenstand selbst, und der wahrhafte Gehalt des Schönen ist der Geist in seiner Wahrhaftigkeit. Darum macht der absolute Geist schlechthin den Mittelpunkt aus. Gott als Weltentwicklung tritt sich in seinen Elementen in zwei Extremen gegenüber, Natur und subjektive Göttlichkeit, oder eine abstrakte, geistlose Objektivität und die konkrete, für sich seiende Subjektivität. 30

Drei aufeinander folgende Stufen der Kunst sind zu unterscheiden: Die symbolische, die klassische und die romantische Kunst. Diese Unterscheidung existiert als je besonderes Verhältnis von Inhalt und Form, von Gedanke und Sinnlichem, von Innerlichkeit und Äußerlichkeit, von Gehalt und Schein, von Idee und Gestalt. Die drei Formen der Kunst entfalten in ihrer Abfolge die wirkliche Bestimmung dieser Verhältnisse und so verwirklicht sich der Begriff der Kunst in einer in sich gegliederten Kunstwelt. 31

und eben darum der absolute Geist, der als solcher schlechthin den Mittelpunkt ausmacht: Der Gott, das Ideal ist der Mittelpunkt. Worauf es ankommt, ist, daß sich Gott als Weltentwicklung in seinen Elementen als in zwei Extremen gegenübertritt: Natur und subjektive Göttlichkeit, oder eine abstrakte, geistlose Objektivität und die konkrete, für sich seiende Subjektivität. [S. 29]

32 Das erste ist das Suchen dieser wahrhaften Einheit, die noch zu dieser vollkommenen Durchdringung nicht gekommen ist, den rechten Inhalt noch nicht gefunden hat und deshalb nicht die rechte Form. Dieses Suchen besteht also darin, daß der wahrhafte Inhalt und die wahrhafte Form, sich noch nicht gefunden und geeint haben, auseinander noch fallen und noch eine Äußerlichkeit gegeneinander zeigen. [S. 34/24]

33 Das erste ist die Idee in ihrer Unbestimmtheit: allgemeine Substantialität; die Idee, die sich noch nicht klar ist. [S. 27]
Die andere Seite hierzu ist diese: Daß hier, wenn von der einen Seite die Idee bei der Mißhandlung der Gestalt zugleich die Unangemessenheit der Gestalt ausdrückt, von der Naturanschauung ausgegangen wird; die Gestalt ist gelassen, wie sie ist. Dieser natürlichen Gestaltung wird aber die substantielle Idee hineingelegt; die natürliche Gestalt wird auf diese Weise interpretiert. So erscheint diese natürliche Gestaltung so, daß die Idee darin zu sehen ist. Es ist das, was der Pantheismus des

Die symbolische Kunst sucht noch nach der Einheit von Form und Inhalt, da sie noch nicht zur vollkommenen Durchdringung gekommen ist, denn sie hat den rechten Inhalt noch nicht gefunden und deshalb nicht die rechte Form. 32

Die symbolische Kunstform geht von der Naturanschauung aus, die Gestalt ist so gelassen, wie sie ist. In diese natürliche Gestaltung wird die Idee hineingelegt und interpretiert, die natürliche Gestaltung erscheint so, daß die Idee darin zu sehen ist. Es kann der Pantheismus des Schönen genannt werden. Es ist erst nur ein Streben der Idee, sich die Gestalt adäquat zu machen. Der in sich gärende, ahnende, fühlende Geist ist noch ein Naturwesen, ein sich noch nicht wissender Geist, er sucht nach seiner Bestimmtheit. Diese erste Stufe der Kunst ist das Streben nach Gestaltung. Diese Stufe des Geistes hat den Reichtum der ganzen entwickelten Welt in seiner Anschauung vor sich. Er hat den Stoff und er sucht, diesen Stoff dem Begriffe anzupassen. Der Stoff ist aber dem Göttlichen noch nicht angemessen. Das Suchen ist nur ein Streben, den Stoff an dieses Unendliche anzupassen und es taumelt herum, geht von einer Form zur andern über, erhebt die Form bis zur Idee und erniedrigt die Idee bis zur Form. Weil der Inhalt in sich selbst unbestimmt ist, treibt er seinen Ausdruck auch über seine Bestimmtheit hinaus. Ein Unendliches soll ausgedrückt werden, aber diesem Abstrakten 33

Schönen genannt werden kann; es ist erst nur ein Streben der Idee, sich die Gestalt adäquat zu machen. [S. 27]
Der in sich gärende, ahnende, fühlende Geist ist noch in der Weise eines Naturwesens, in der Weise des sich noch nicht wissenden Geistes; diese Befreiung ist die Sache der Kunst. [S. 36/30]
Dieses Eine, das sich noch nicht weiß, ist zunächst ein Suchen nach seiner Bestimmtheit, das Suchen der Kunst. Dies ist also die erste Stufe der Kunst, es ist das Streben nach Gestaltung. Es hat den Reichtum der ganzen entwickelten Welt in seiner Anschauung vor sich, es hat den Stoff; sein Suchen ist, diesen Stoff dem Begriffe anzupassen. Dieser Stoff ist aber noch nicht angemessen dem Göttlichen, Unendlichen; daher ist sein Suchen nur ein Streben, den Stoff an dieses Unendliche anzupassen. Einerseits also paßt es diese Gestaltungen an, andrerseits aber taumelt es aber herum, geht von einer Form zur andern über, erhebt die Form bis zur Idee, und erniedrigt die Idee bis zur Form. [S. 40/02]
Weil aber der Inhalt in sich selbst unbestimmt wird, treibt er seinen Ausdruck auch über seine Bestimmtheit hinaus. Dieser Kunst gehört also wohl die Erhabenheit, aber nicht die Schönheit an. [S. 35/14]
Dies ist der Charakter der Erhabenheit, die dieser Stufe zukommt, in der sich auch das Bizarre, Gestaltlose findet. [S. 40/21]
Ein Unendliches soll ausgedrückt werden. Dies Unendliche ist hier aber das Abstrakte, dem an-

ist keine sinnliche Gestalt angemessen. Sie wird über ihr Maß hinausgetrieben, leidet Gewalt, wird verzerrt. Dieser Kunst gehört wohl die Erhabenheit, aber nicht die Schönheit an, auch findet sich in dieser Kunst das Bizarre, Gestaltlose. Maßlose Gebilde, Riesen, Kolosse, hundertarmige und hundertbrüstige Gestalten treten auf. Der symbolischen Kunstform ist die Äußerlichkeit eigen, die Form kommt nur äußerlich an ihren Inhalt, der mehr oder weniger abstrakt, trübe und nicht wahrhaft in sich selbst bestimmt ist, und die Gestalt, die Bildlichkeit ist noch aus der unmittelbaren Natur genommen.

Die erste Form des Daseins der Kunst ist die Architektur. Sie beginnt mit der unorganischen Natur. Die allerfrühesten Formen sind noch nicht gebaut, sondern es sind Verweise auf Natürliches wie heilige Haine, heilige Bäume etc. Dies weist nur auf den Gott hin, kann ihn aber noch nicht selbst erscheinen lassen. Dann bahnt die erste Kunst, die Architektur dem Gott den Weg, erbaut ihm den Tempel, macht ihm Raum, reinigt ihm den Boden, verarbeitet zu seinem Dienst die Äußerlichkeit, so daß sie ihm kein Äußerliches mehr bleibe, sondern fähig ist, ihn erscheinen zu lassen, ihn auszudrücken, ihn aufzunehmen. Diese Kunst gibt Raum für die innerliche Sammlung und die Umschließung für die Versammlung des Gesammelten, gibt einen Schutz für den drohenden Sturm, gegen Regen und Ungewitter und Tiere. Sie veräußerlicht und offenbart 34

gemessen keine sinnliche Gestalt ist; die sinnliche Gestalt also wird über ihr Maß hinausgetrieben. [S. 35/30]
Die Gestalt leidet zwar Gewalt, wird verzerrt. [S. 35/20]
Der Inhalt ist mehr oder weniger abstrakt, trübe und nicht wahrhaft in sich selbst bestimmt, und die Gestalt, die noch als äußerliche, gleichgültige ist, ist die unmittelbare, natürliche, der Inhalt ist noch trübe und abstrakt und die Seite der Bildlichkeit noch aus der unmittelbaren Natur genommen. [S. 34/34]

34 Sie bahnt ihm den Weg, erbaut ihm den Tempel, sie macht ihm Raum, reinigt ihm den Boden, verarbeitet zu seinem Dienst die Äußerlichkeit, daß sie ihm kein Äußerliches mehr bleibe, sondern ihn erscheinen zu lassen, ihn auszudrücken, ihn aufzunehmen fähig sei. Sie gibt Raum für die innerliche Sammlung und die Umschließung für die Versammlung des Gesammelten, einen Schutz für den drohenden Sturm, gegen Regen und Ungewitter und Tiere. [S. 40/05]
Dies ist die Bestimmung der Architektur, diesen Inhalt hat sie zu realisieren. Ihr Material ist die Materie in ihrer groben Äußerlichkeit als mechanische Massen und Schwere. Die Darstellung dieses Materials erscheint als die äußerliche der abstrakten Verstandesverhältnisse des Symmetrischen. So ist denn dem Gott der Tempel erbaut, sein Haus steht fertig, die unorganische Natur ist verarbeitet und plötzlich durchdringt sie der Blitz

das Sich-sammeln-Wollen. Dies ist die Bestimmung der Architektur, diesen Inhalt hat sie zu realisieren. Ihr Material ist die Materie in ihrer groben Äußerlichkeit als mechanische Masse und Schwere. Die Darstellung des Materials erscheint als die äußerliche Darstellung der abstrakten Verstandesverhältnisse des Symmetrischen. So ist denn dem Gott der Tempel erbaut, sein Haus steht fertig, die unorganische Natur ist verarbeitet und plötzlich durchdringt sie der Blitz der Individualität, der Gott steht in ihr da und die Bildsäule steigt im Tempel empor. Die Architektur kommt an ihre Grenze und schwankt zu ihrer höheren Stufe, der Skulptur hinüber.

Klassische Kunst

Die klassische Kunst hat als Kunst das Höchste erreicht, ihr Mangelhaftes ist nur, Kunst zu sein. In der klassischen Kunst sind der Inhalt und die Form in Einheit, zusammengeschlossen, hier ist die Darstellung nichts, als was sie sein soll, nämlich die völlige Information, die völlige Hineinbildung des Begriffs in die Realität und der Realität in den Begriff, also das sinnliche Ideal. Der Inhalt hat die ihm angemessene Gestalt und entbehrt als wahrhafter Inhalt nicht der wahrhaften Form. Das Sinnliche, Bildliche ist kein Naturwesen mehr wie Baum oder Tier und auch kein verzerrtes, maßloses Wesen. Das Sinnliche, das Bildliche ist zwar Naturgestalt, aber eine solche, die der Dürftigkeit 35

der Individualität, der Gott steht in ihr da, sie stellt ihn dar, die Bildsäule steigt im Tempel empor. [S. 40/12]

---

35 Die klassische Kunst hat als Kunst das Höchste erreicht, und ihr Mangelhaftes ist nur, Kunst zu sein. [S. 36/26]
Hier ist die Darstellung nichts, als was sie seyn soll, die völlige Information des Begriffs in die Realität, und der Realität in den Begriff, also das sinnliche Ideal. [S. 41/08]
Sie ist die freie, adäquate Einbildung der Gestaltung in den Begriff; ein Inhalt, der die ihm angemessene Gestalt hat, der als wahrhafter Inhalt der wahrhaften Form nicht entbehrt. [S. 36/11]
Das Sinnliche, das Bildliche gilt hier nicht mehr als Sinnliches, ist kein Naturwesen; zwar Naturgestalt, aber eine solche, die, der Dürftigkeit des Endlichen entnommen, ihrem Begriff vollkommen adäquat ist. Der wahrhafte Inhalt ist das konkret Geistige, dessen Gestalt die menschliche ist; denn diese allein ist die Gestalt des Geistigen, die Art und Weise, wie das Geistige sich in zeitlicher Existenz herausbilden kann. [S. 36/16]
Es wird freilich davon die Rede sein, daß die wahrhafte Gestalt für die Idee die menschliche Gestalt ist, und es ist dann soweit auszuführen, daß die menschliche lebendige Gestalt überhaupt als die Manifestation des Begriffs ist, daß in ihr der Begriff sich äußerlich macht und sich in sie entäußern kann, so daß, insofern das Geistige erscheinen soll, es nur in menschlicher Gestalt erscheinen kann. [S. 28]

des Endlichen entnommen ist. Die menschliche lebendige Gestalt überhaupt ist die Manifestation des Geistigen. Der wahrhafte Inhalt ist das konkret Geistige, und die wahrhafte Gestalt für die Idee ist allein die menschliche Gestalt. In ihr macht es sich äußerlich und kann sich in sie entäußern, und das Geistige kann, sofern es erscheinen soll, nur in menschlicher Gestalt erscheinen.

Die Skulptur gehört der klassischen Kunstform an. Sie hat kein leeres Inneres, sie stellt die göttliche Gestalt selbst auf. Der Gott wohnt seiner Äußerlichkeit ein in stiller, seliger, erstarrter Ruhe. Form und Inhalt sind absolut ein und dasselbe, keine Seite überwiegt, der Inhalt bestimmt die Form, die Form bestimmt den Inhalt. Die Bildsäule steigt im Tempel empor, das Geistige hat sich nun das Material vollkommen angeeignet, die unendliche Form hat sich in die Leiblichkeit konzentriert, die träge Masse zur unendlichen Form heraufgebildet. Der innerliche Gott ist in die Äußerlichkeit versenkt, die Äußerlichkeit hat sich zum Gotte erinnert und individualisiert: die Äußerlichkeit ist schlechthin Innerlichkeit und die Innerlichkeit schlechthin entäußert. 36

Die klassische Kunst ist zwar die vollkommne, an ihr ist nichts Unvollkommnes, aber die ganze Sphäre der klassischen Kunst ist beschränkt, weil der unendliche Begriff in der sinnlichen endlichen Form dargestellt wird. Der griechische Gott ist für 37

36 Der Gott wohnt seiner Äußerlichkeit ein in stiller, seliger, erstarrter Ruhe. Form und Inhalt sind absolut ein und dasselbe, keine Seite überwiegend, der Inhalt die Form, die Form den Inhalt bestimmend; die Einheit in reiner Allgemeinheit. [S. 38/36]
Die Bildsäule steigt im Tempel empor. Das Geistige hat sich nun das Material vollkommen angeeignet, die unendliche Form hat sich in die Leiblichkeit konzentriert, die träge Masse zur unendlichen Form heraufgebildet. Der innerliche Gott ist in die Äußerlichkeit versenkt, die Äußerlichkeit hat sich zum Gotte erinnert und individualisiert; die Äußerlichkeit ist schlechthin Innerlichkeit und die Innerlichkeit schlechthin entäußert. [S. 40/21]

37 Die klassische Kunst ist zwar die vollkommne, an ihr ist nichts Unvollkommnes; aber die ganze Sphäre der klassischen Kunst ist eine beschränkte. Diese Beschränkung liegt darin, daß der unendliche Begriff in der sinnlichen endlichen Form dargestellt wird. Ich habe gesagt, daß der wahre Boden des Begriffs der Begriff selbst ist, der Gedanke, der sich selbst denkt. Der griechische Gott ist für die sinnliche Vorstellung Anschauung, der Begriff ist da in sinnlicher menschlicher Gestalt. Was hier dargestellt wird, ist nicht die Einheit der göttlichen und menschlichen Natur. [S. 42/13]

38 Den Übergang zu der romantischen Kunst macht nun das Christenthum; es ist von der sinnlichen Darstellung des Göttlichen zurückgekommen, es verehrt Gott im Geiste und in der Wahr-

die sinnliche Vorstellung, für die Anschauung, er ist in sinnlicher menschlicher Gestalt da. Hier ist noch nicht die Einheit der göttlichen und menschlichen Natur dargestellt.

Das Christentum macht den Übergang zur romantischen Kunst. 38 Es ist von der sinnlichen Darstellung des Göttlichen weggekommen, es verehrt Gott im Geiste und in der Wahrheit. Die christliche Religion hat Gott nicht als Abstraktes, Inhaltloses aufgestellt, sondern als Geist gesetzt und von der Bestimmtheit die sinnliche Darstellung weggenommen. Der Geist ist kein Abstraktum, sondern ist lebendig, tätig, wirkend, hat Realität und gibt sich Realität.

Romantische Kunst

Die dritte allgemeine Kunstform ist die romantische Kunst. Die 39 Architektur hat ihr den Tempel erbaut, der Skulptur ist der Gott entstiegen, und ihm gegenüber steht jetzt in den weiten Räumen seines Hauses die Gemeinde. Gegen die Einheit des Inhalts und der Form tritt die Vereinzelung, die Subjektivität beider Seiten auf. Die Gemeinde ist der in sich zurückgekehrte Gott. In der romantischen Kunst wird die Einheit von göttlicher und menschlicher Natur zum Gegenstand, im Christentum ist sie ausgesprochen. Wir verehren Gott wesentlich in Christo. Christus ist Gottes Sohn als Mensch, die Verehrung Gottes in

heit. Es hat aber Gott nicht aufgestellt als das Abstracte, Inhaltlose, von dem keine Bestimmungen gegeben werden können; der Begriff ist in sich selbst bestimmt. Die christliche Religion ist nicht von der sinnlichen Darstellung zu der Abstraction zurückgegangen, sie hat die Bestimmtheit nicht weggelassen, sondern sie hat von der Bestimmtheit nur die sinnliche Darstellung weggenommen, hat Gott als Geist gesetzt. Der Geist ist aber nicht ein Abstractum, sondern ist lebendig, thätig, wirkend, hat Realität, und giebt sich Realität. Im Christenthum ist also ausgesprochen die Einheit der göttlichen und menschlichen Natur, wir verehren Gott wesentlich in Christo. [S. 42/22]

39 Die dritte Form aber, in welcher uns das Dasein der allgemeinen Kunstformen entgegentrat, war die Realisierung der romantischen Kunst. Die Architektur hat ihr den Tempel erbaut, der Hand der Skulptur ist der Gott entstiegen, und ihm gegenüber steht jetzt in den weiten Räumen seines Hauses die Gemeinde, gegen die allgemeine Einheit des Inhalts und der Form tritt die Vereinzelung, die Subjektivität, Partikularisation beider Seiten auf. Die Gemeinde ist der seiner unmittelbaren Versenktheit in die Äußerlichkeit entnommene und in sich zurückgekehrte Gott. [S. 41/04]

In der griechischen Kunst ist diese Einheit die Substanz; in der romantischen Kunst wird diese Einheit zum Gegenstand. [S. 29]

Im Christenthum ist also ausgesprochen die Einheit der göttlichen und menschlichen Natur, wir verehren Gott wesentlich in Christo. [S. 43/02]

Christus ist die Ehrung des Menschen. Dies ist der Inhalt der romantischen Kunst. Seine Gestaltung ist nicht sinnlich, sondern sein geistiger Boden ist das Gemüt, das Herz.

Der Gott ist nicht mehr diese Einheit von Form und Inhalt, dies Eine wie in der Bildsäule, sondern die in der Skulptur gefasste und zur Anschauung gebrachte Einheit zerbricht und wird in die unbestimmte Vielheit der Subjektivität zerschlagen. Die subjektive Besonderheit der Gefühle, der Handlungen, die Mannigfaltigkeit der lebendigen Bewegung der Individualität mit ihren Taten und ihrem Wollen und Unterlassen wird jetzt der Stoff. Der Mensch tritt in die Kunst. Ebenso zersplittert das Material und wird individuell. 40

Die romantische Kunst selbst ist dreifach gegliedert, sie verwirklicht sich zuerst in der Malerei. Deren Sichtbarkeit bedarf weder des mechanischen Massenunterschiedes der Architektur noch der Unterschiedenheit der Figur als des räumlich Materiellen in seinen drei Dimensionen, sondern sie hat die Besonderheit der Farben, und die Kunst befreit sich für den abstrakt ideellen Sinn des Gesichts von dem Vollständig-Materiellen. 41

Als Zweites verwirklicht sich die romantische Kunst in der Musik, die für den zweiten ideellen Sinn, für das Gehör ist. Die eigene Dialektik des Raums treibt sich in die Zeit fort, in dieses negative Sinnliche, welches, indem es ist, nicht ist, und in seinem Nichtsein schon sein Sein wieder produziert und somit 42

Dies ist also der Inhalt der romantischen Kunst; die Gestaltung ist hier nicht eine sinnliche, sondern der Boden des Begriffs ist hier das Gemüth, das Herz, es ist der geistige Boden. [S. 43/04]

40 Der Gott ist nicht dies Eine mehr wie in der Bildsäule, sondern die Einheit bricht und wird in die unbestimmte Vielheit der Subjektivität zerschlagen. Und so wird denn statt dieses Inhalt (des Einen) der Stoff jetzt die subjektive Besonderheit der Gefühle, der Handlungen, die Mannigfaltigkeit der lebendigen Bewegung der Individualität mit ihren Taten und ihrem Wollen und Unterlassen. Andererseits wird das Material ebenso zersplittert, besondert sich auf gleiche Weise und wird ebenso individuell. Es ist hier nicht mehr das Massenhafte wie in der Architektur, nicht mehr der abstrakte einfache Schein des Sinnlichen, zu welchem die Skulptur diese Masse verarbeitet, sondern es ist hier der in sich besonderte und subjektiv gewordene Stoff, der hier in seiner Subjektivität in Betracht kommt, und nur als subjektiver Bedeutung erhält. [S. 41/10]

41 Diese in sich bestimmte und subjektivierte Sichtbarkeit bedarf nicht mehr des mechanischen Massenunterschiedes der Architektur noch des der Figur als des räumlich Materiellen in der Bestimmtheit seiner drei Dimensionen, wie es die Skulptur zum Material hat, sondern sie hat ihren ideellen Unterschied an ihr selbst als die

das rastlose sich Aufheben und in seinem Aufheben Hervorgehen seiner ist. Die Musik drückt nur das Klingen und Verklingen der Empfindung aus. Der Ton wird zum artikulierten, in sich bestimmten Ton, zum Wort, dessen Sinn ist, Vorstellungen, Gedanken auszudrücken, Zeichen eines geistigen Inneren zu werden.

In der Poesie werden die abstrakte Geistigkeit und das Höchste der Kunst erreicht. Hier steigt die Kunst über sich selbst hinaus und wird zum Gedanken. Sie ist die allgemeine, allumfassende, zur höchsten Vergeistigung gestiegene Kunst. In ihr ist der Geist frei in sich selbst, hat sich vom sinnlichen Material losgerissen und es zum Zeichen seiner heruntergesetzt, denn der Buchstabe und das Wort kommen aus dem Geist. Das Zeichen ist hier kein Symbol mehr, sondern gänzlich gleichgültiges und wertloses Zeichen, über welches der Geist bestimmt. 43

Die romantische oder christliche Kunst löst also die Einheit von Inhalt und Form auf und fällt so zurück hinter die klassische Form. Sie stellt den Form-Inhalt-Gegensatz der Kunst aber erneut auf und fällt nicht in die symbolische Kunst zurück, sondern schreitet zur freien Kunst fort. Im griechischen Gott wird die Einheit von menschlicher und göttlicher Natur angeschaut und ist die einzig wahrhafte Weise dieser Einheit. Diese Einheit ist aber selbst nur sinnlich und erst im Christentum ist sie im Geist und in der Wahrheit erfaßt. Die romantische Kunst durch- 44

Besonderheit der Farben. Die Kunst also befreit sich hier von dem Vollständig-Materiellen und wird so für den abstrakt ideellen Sinn des Gesichts. [S. 42/11]

42 Die eigene Dialektik des Raums treibt sich in die Zeit fort, in dieses negative Sinnliche, welches, indem es ist, nicht ist, und in seinem Nichtsein schon sein Sein wieder produziert und somit das rastlose sich Aufheben und in seinem Aufheben Hervorgehen seiner ist. [S. 43/05]
Die Musik drückt nur das Klingen und Verklingen der Empfindung aus und bildet den Mittelpunkt der subjektiven Kunst, den Durchgangspunkt der abstrakten Sinnlichkeit zur abstrakten Geistigkeit. [S. 43/13]
Der Ton, früher ein abstrakt bestimmungsloses Klingen, wird zum Wort – zum artikulierten, in sich bestimmten Ton, dessen Sinn ist, Vorstellungen, Gedanken auszudrücken, Zeichen eines geistigen Inneren zu werden. [S. 43/28]

43 Dies Dasein der Kunst ist näher dieses, wie wir es in der Poesie im engeren Sinn finden. [S. 44/03]
Sie ist die allgemeine, allumfassende Kunst, die zur höchsten Vergeistigung gestiegene. Denn in ihr ist der Geist frei in sich selbst, hat sich vom bloß sinnlichen Material losgerissen und es zum Zeichen seiner heruntergesetzt. Dies Zeichen ist hier kein Symbol, sondern gänzlich gleichgültiges und wertloses Zeichen, über welches der Geist die bestimmende Macht ist. [S. 44/05]

dringt diese Einheit von göttlicher und menschlicher Natur mit Bewusstsein. In der griechischen Kunst ist die Einheit Substanz, in der romantischen ist die Einheit Subjektivität. Das Geistige tritt als Geistiges hervor, die Idee hat sich frei für sich gemacht. Das Sinnliche wird ein Beiwesen für die Idee, keine Notwendigkeit mehr und somit wird mit der Freiheit der Idee das Sinnliche auch in seiner Sphäre frei. Der Charakter dieser Kunst ist das Subjektive. Die Innerlichkeit oder der Gehalt, der Stoff, der Inhalt des Kunstwerks tritt aus der stillen Ruhe, aus der absoluten Einheit mit seiner Form, seinem Material, seiner Äußerlichkeit heraus und lässt, in sich zurückgehend, die Äußerlichkeit frei, welche ihrerseits gleichfalls in sich zurückgeht und von der Einheit mit dem Inhalt ablässt, ihm gleichgültig und äußerlich wird. Indem der Geist dazu kommt, für sich zu sein, ist er befreit von der sinnlichen Form. Das Sinnliche ist ihm ein Gleichgültiges und Vorübergehendes, und das Gemüt, das Geistige als Geistiges, wird zur Bedeutung des Sinnlichen. Die Gestalt wird so wieder symbolisch. In der romantischen Kunst herrscht das Subjektive des Willens, der Geist als frei in sich selbst, und in der Festigkeit in sich abenteuert er in der Gestaltung umher.

Die Betrachtung der Weisen des Daseins der Künste untersucht das unterschieden Sinnliche in Raum und Zeit. Die besonderen Künste haben je besondere Bestimmungen der abstrakten Äußerlichkeit. Die Architektur bildet Raum in drei Dimensio- 45

---

44 Im griechischen Gott wird die Einheit von menschlicher und göttlicher Natur angeschaut und ist die einzig wahrhafte Weise dieser Einheit. Diese Einheit ist aber selbst nur sinnlich und ist im Christentum im Geist und der Wahrheit erfaßt. [S. 37/06]
In der griechischen Kunst ist die Einheit Substanz, in der romantischen ist die Einheit Subjektivität. [S. 68]
Die Idee hat sich frei für sich gemacht. Damit ist das Sinnliche ein Beiwesen für die sinnliche, subjektive Idee, keine Notwendigkeit mehr, sondern das Sinnliche wird in seiner Sphäre auch frei. Der Charakter dieser Kunst somit ist das geistige Für-sich-Seiende, das Subjektive, Gemütliche. [S. 37/13]
Aber wir sahen, wie in der dritten allgemeinen Kunstform, der romantischen nämlich, die Innerlichkeit oder der Gehalt, der Stoff, Inhalt des Kunstwerks aus der stillen Ruhe, aus der absoluten Einheit mit seiner Form, seinem Material, seiner Äußerlichkeit (heraus) und (ließ), in sich zurückgehend, die Äußerlichkeit frei, welche ihrerseits gleichfalls in sich zurückgeht und von der Einheit mit dem Inhalt abläßt, ihm gleichgültig und äußerlich wird. Die Realisation aber dieser Kunstform ist die Poesie. [S. 39/05]
Indem der Geist dazu kommt, für sich zu sein, so ist er befreit von der sinnlichen Form; das

nen und braucht Winkel, Fläche, Linie, also Verstandesbestimmungen. Die Skulptur hat Raum in organischer Figuration von Innen heraus. Die Malerei hat es mit der Fläche und ihren Figurationen zu tun. Der Musik gehört die Zeit an, sie geht zum Punkt, zum Zeitpunkt. Die Poesie verbindet den unendlichen Raum der Vorstellung mit der Zeit des Tons.

innliche ist ihm ein Gleichgültiges und Vor-
ibergehendes, und das Gemüt, das Geistige als
Geistiges, wird zur Bedeutung des Sinnlichen;
lie Gestalt wird so wieder symbolisch. Es ist das
ubjektive des Willens, das Geistige überhaupt
las Herrschende in der romantischen Kunst, der
Geist als frei in sich selbst. Und in der Festigkeit
n sich abenteuert er in der Gestaltung umher.
S. 29]

Der allgemeine Teil

Das schöne ist ein Scheinen. Die Vernunft, die Wissenschaft, der praktische Sinn sehen im Scheinen des Lebendigen nur ein in sich Zweckmäßiges und ein Erscheinen dieser Zweckmäßigkeit. Anders die Kunst. In ihr kommt uns der Schein als für uns gestaltete Gestalt entgegen. Das Scheinen der Gestalt betrifft uns, es ist für uns als Anschauende, als sinnlich Betrachtende gemacht. Die Gestalt muß für uns zugleich ein Seiendes und Scheinendes sein, und sie ist mannigfaltig: sie kann räumliche Umgrenzung sein, Figuration, Farbe, Bewegung, Ton. Diese Mannigfaltigkeit soll sich uns als Scheinendes, als Beseeltes kundtun, es soll sich aber nicht als ein Nebeneinander von Teilen, sondern als ein Zusammen von Gliedern zeigen. Die Mannigfaltigkeit in der Kunst schließt die für uns sinnlichen, verschiedenen Teile zu einem Ganzen zusammen. Die Formen kommen in eine absichtslose Übereinstimmung, so daß diese Teile an einem Individuum, an einem Einzelnen sind, das Eins ist, das zwar Teile hat, die aber, obgleich uneins und unterschieden, doch zusammenstimmen. In der Anschauung soll uns der notwendige innere Zusammenhang der Teile der Gestalt als Gegliedertes eines Ganzen erscheinen, und zwar nicht als bloß äußerlicher, räumlicher, sondern als wesentlicher, notwendiger, beseelter Zusammenhang. Diese innere Notwendigkeit soll in der Kunst nicht gedacht, nicht begriffen werden. Dies notwendig Eine, Ganze, das Zusammenstimmende soll erscheinen. In der

46 In dieser Gestalt muß das objektiv Ideelle für uns sein – nicht also schlechthin für uns sein, sondern in dieser Gestalt uns erscheinen; diese muß für uns zugleich ein Seiendes und Scheinendes sein. Die Mannigfaltigkeit der Gestalt muß für uns als Schein gesetzt sein. [S. 54/24]
Die Gestalt ist räumliche Umgrenzung, Figuration, farbig oder von sonstigen Unterschieden, Bewegungen, Tönen. Solche Mannigfaltigkeit nun soll sich als Scheinendes, d. h. als Beseeltes, uns kundtun. [S. 55/04]
Dies geschieht nun so, daß die verschiedenen Teile, Formen, die für uns als sinnliche sind, sich zugleich zu einem Ganzen zusammenschließen, in eine absichtslose Übereinstimmung kommen, daß diese Teile also an einem Individuum sind, das Eins ist, Unterschiede hat, Teile, die, obgleich uneins, unharmonisch, doch zusammenstimmen. [S. 55/11]
Dieser Zusammenhang soll uns erscheinen, und zwar nicht als bloß äußerlicher, räumlicher, sondern als wesentlicher, notwendiger, beseelter. Diese innere Notwendigkeit soll also in der Kunst nicht gedacht, nicht begriffen werden. [S. 56/24]

...

48 Sinn ist nämlich dies wunderbare Wort, welches zwei entgegengesetzte Bedeutungen hat; denn Sinn ist einmal unmittelbares Organ des sinnlichen Auffassens, und andrerseits heißen wir Sinn: die Bedeutung, d. h. das Andere des Sinnlichen, das Innere, den Gedanken, das Allgemeine

Kunst wird nicht gedacht, in der Kunst wird zum Erscheinen gebracht im Scheine.

Von der schönen Betrachtung natürlicher Gebilde

Die Anschauung der Gestalt bei Gegenständen der Natur ist unterschieden von der Anschauung des Kunstschönen. Ein kluger Naturforscher kann aus Gewohnheit und Erfahrung, aus Kenntnis und Wissen aus der Anschauung einzelner Glieder, beispielsweise Knochen, den Typus eines Tieres zusammensetzen und auf diese Weise sogar rekonstruieren und zur Anschauung bringen, was er nie gesehen hat. Ein solche Anschauung des Naturgebildes, solcher Naturgestalt liefert uns zweierlei: einmal die Anschauung, sodann den Gedanken der Sache, den Begriff. Das ist eine schöne Betrachtung, aber nicht die Betrachtung der Schönheit. 47

Soll uns ein angeschautes Naturgebilde nicht als Begriff zum Bewusstsein kommen, so müssen wir eine sinnvolle Anschauung des Naturgebildes erhalten. Sinn ist dies wunderbare Wort mit zwei entgegen gesetzten Bedeutungen: Sinn ist einmal unmittelbares Organ des sinnlichen Auffassens, ist die Sache als Unmittelbares, wie es zum Sinn kommt. Andrerseits heißen wir Sinn: die Bedeutung einer Sache, das Innere, den Gedanken, das Allgemeine der Sache. Eine sinnvolle Naturbetrachtung ist einerseits sinnlich und hat andrerseits den Gedanken, das Innere der Sache. Die sinnvolle Betrachtung schaut an mit einer Ahnung 48

der Sache. Das eine ist die Sache als Unmittelbares, das andere der Gedanke der Sache. Eine sinnvolle Naturbetrachtung ist nun also einerseits sinnlich, andrerseits den Gedanken der Sache habend. Die sinnvolle Betrachtung schaut an mit einer Ahnung des Begriffs, der nicht als solcher, sondern als Ahnung ins Bewußtsein kommt. [S. 59/28]
Dies ist der große Sinn Goethes, mit dem er naiverweise sinnlich an die Naturbetrachtung ging mit der Ahnung eines begriffsmäßigen Zusammenhangs. Man kann auch sagen, daß ein innerer Zusammenhang heimlich durchleuchtet. [S. 60/22]
Und das Natürliche erscheint als schön, insofern wir in den Gebilden des Natürlichen solch eine Notwendigkeit des Begriffs ahnen. Weiter als bis zu dieser Ahnung aber geht es bei der Kunstbetrachtung der natürlichen Gebilde nicht. Der Zusammenhang also ist nur auf unbestimmte Weise, eine bloße innere Einheit, die wir ahnen, ohne ihn bestimmt denkend zu erkennen. [S. 60/33]

---

49 In ihrer Erscheinung als Lebendigkeit, als Einheit der Glieder, nennen wir das Natürliche schön; sie haben einen beseelten Zusammenhang, die Materie ist mit ihm identisch, die Form wohnt der Materie inne, ist die eigentliche Natur dieses Materiellen. Dies ist die Bestimmung der Schönheit überhaupt. [S. 61/13]
Schon der natürliche Kristall verwundert uns durch seine regelmäßige Gestalt, die durch nichts

des Begriffs, der aber nicht als solcher ins Bewußtsein kommt. Wir ahnen eine innere Einheit, ohne sie bestimmt denkend zu erkennen. Bestimmt denkend erkennen – das ist die Maßgabe der Wissenschaft, der Philosophie oder der praktischen Vernunft. Ahnen ist ein Umschreiben des Unbestimmten, das dem Schönen und den Werken der Kunst anhängt. Man kann auch sagen, daß ein innerer Zusammenhang heimlich durchleuchtet. So ging Goethe naiverweise mit der Ahnung eines begriffsmäßigen Zusammenhangs sinnlich an die Naturbetrachtung. Das Natürliche erscheint als schön, insofern wir in seinen Gebilden den Begriff ahnen. Weiter als bis zu dieser Ahnung aber geht es bei der schönen Betrachtung der natürlichen Gebilde nicht.

Das schöne Natürliche

49 Wir nennen das Natürliche in seiner Erscheinung als Lebendigkeit, als Einheit der Glieder schön. Sie haben einen beseelten Zusammenhang, die Materie ist mit ihm identisch, die Form wohnt der Materie inne und ist die eigentliche Natur dieses Materiellen. Schönheit ist überhaupt als solche Übereinstimmung bestimmt. Schon der natürliche Kristall verwundert uns durch seine regelmäßige Gestalt, die nicht durch irgendeine äußere Kraft zustande kommt, sondern die freie Kraft der Materie formt sich so. Sie selbst betätigt sich, ist aktiv, die Materie ist hier in ihrer Form bei sich selbst. Noch schöner ist das organisch Lebendige. Wir

Mechanisches so geworden ist; der natürliche Kristall ist so geformt, daß diese Form der Materie angehört, es ist die freie Kraft der Materie, die sich so formt; sie selbst betätigt sich, ist aktiv, nicht passiv, so daß wir ihr erst die Form geben müßten, sondern die Materie ist hier in ihrer Form bei sich selbst. Noch schöner ist das organisch Lebendige, überhaupt alles, was die freie innere Regsamkeit ankündigt. [S. 61/22]
Wir sprechen von der Schönheit einer Landschaft, einer Mondnacht. Hier ist kein organisches Ganzes, sondern eine Mannigfaltigkeit, die zusammenkömmt. Die Zusammenstimmung ist äußerlich imponierend oder zufällig. [S. 62/16]
Stille der Mondnacht, Erhabenheit des Meeres. All dies hat seine Bedeutung in der erweckten Gemütsstimmung. Eine solche Stimmung aber gehört diesen Gebilden der Natur selbst nicht mehr an. [S. 62/23]
Erst die bewußte Seele ist konkret, aber ist für sich und ist die Einheit ihres Seins und ihrer Manifestation. Aber im Naturschönen erscheint die Seele nur abstrakt. [S. 63/25]

50 Das erste also ist die abstrakte Form, die Form so genommen, daß in ihr eine Einheit gesetzt ist, aber eine abstrakte, äußerliche. Dies ist die Regelmäßigkeit überhaupt, oder näher die Symmetrie. [S. 64/19]
Z. B. wenn Bäume von gleicher Art da sind, so sagen wir noch nicht, daß Regelmäßigkeit unter ihnen herrsche; sondern wenn sie nach einer

sprechen von der Schönheit einer Landschaft, einer Mondnacht. Hier ist kein organisches Ganzes gegeben, sondern hier kommt eine Mannigfaltigkeit zusammen. Die Zusammenstimmung ist äußerlich imponierend oder zufällig, wie die Stille der Mondnacht, wie die Erhabenheit des Meeres. All dieses hat seine Bedeutung nicht in diesen Gebilden der Natur selbst, sondern in der erweckten Gemütsstimmung. Aber: Hier kommt nicht Kunstschönes in Betracht. All dies hat zwar Seele, aber keine für andere, sie ist ein bloß Inneres. Dies alles ist ohne Bewusstsein. Wenn etwas Kunst ist, dann ist es vom Menschen für den Menschen gemacht. Erst die bewußte Seele ist konkret, ist für sich und ist die Einheit ihres Seins und ihrer Manifestation, weshalb im Naturschönen die Seele nur abstrakt erscheint.

Die Form als abstrakte Einheit

Das Lebendige ist eine konkrete Einheit, eine aus sich zusammenstimmende Form. Dagegen ist die Form abstrakte Form, wenn ihre Einheit eine äußere ist, aus abstrakten Regeln hervorgegangen, wenn sie etwa regelmäßig oder symmetrisch ist. Regelmäßigkeit ist die abstrakte Wiederholung derselben Gestaltung, die Symmetrie ist die abstrakte Wiederholung ungleicher Gestaltungen, beide gehören als bloß abstrakte Form der Quantität an. Der Ort der Regelmäßigkeit ist das Äußerliche. Wenn etwa Bäume von gleicher Art da stehen, so sind sie noch nicht regelmäßig, erst **50**

bestimmten Ordnung in gleicher Weite voneinander stehen, dann erst schreiben wir ihnen Regelmäßigkeit zu. Das Bedürfnis der Regelmäßigkeit tritt also vornehmlich da ein, wo Äußerlichkeit ist, daher besonders bei der Architectur, Gesange, Musik. [S. 58/24]
Die Kreislinie ist die uninteressanteste Linie, so wie die Kugel die uninteressante Figur ist; es findet sich bei beiden eine Regelmäßigkeit, aber nur eine formelle, da hier Gleichheit der Radien statt findet, und diese Regelmäßigkeit ganz äußerlich ist. [S. 60/04]
Gesetzmäßigkeit ohne Regelmäßigkeit; es ist die Form, die am Lebendigen unendlich mannigfach sich zeigt, und das Zeichnen hängt in seiner Schönheit von diesen Wellenlinien ab, von dieser Schwingung, die zwischen dem Geraden und dem Kreise schwebt. [S. 71/20]
Was nun die Kunstwerke betrifft, so hat auch in ihnen die Regelmäßigkeit einen Platz. Will sie an die Stelle der lebendigen Seele treten, so wird das Kunstwerk tot. [S. 67/27]

...

52 So hätten wir nun die Hauptgesichtspunkte in Hinsicht der Regelmäßigkeit erfaßt, d. h. den abstracten, isolirten Begriff an dem Schönen. Die andere abstracte isolirte Seite ist die Realität, das Sinnliche als solches am Schönen. Diese Seite des Sinnlichen für sich, als bloßes Zusammenstimmen zu dem Sinnlichen der Empfindung, ist das Angenehme. Stimmt das Äußerliche nicht

wenn sie nach einer bestimmten Ordnung zueinander stehen, schreiben wir ihnen Regelmäßigkeit zu. Das Bedürfnis der Regelmäßigkeit ist vornehmlich da, wo Äußerlichkeit ist, daher besonders bei der Architektur, beim Gesange, bei der Musik. Regelmäßigkeit in der Architektur ist in der Gliederung des Äußeren, in der Musik im Takt, in der Rede im Vers. Das Regelmäßige ist in der Konstruktion zu Hause, es löst sich aber im Fortgang im freien Spiel des Lebendigen auf. Konstruktive Regelmäßigkeit finden wir bei gleichen geraden Linien, bei ähnlichen Dreiecken, beim Kreis, bei Parabel, Ellipse und Hyperbel. Die Kreislinie ist die uninteressanteste Linie, so wie die Kugel die uninteressante Figur ist, beide sind nur in der ganz äußerliche Regelmäßigkeit gleicher Radien bestimmt. Die Eilinie wie auch die schwingende Wellenlinie sind interessant, weil für sie keine konstruktive Regel angegeben werden kann. Diese Formen zeigen sich am Lebendigen unendlich mannigfach, und das Zeichnen hängt in seiner Schönheit von dieser Schwingung ab, die zwischen dem Geraden und dem Kreise schwebt. Will die Regelmäßigkeit bei Kunstwerken an die Stelle der lebendigen Seele treten, so wird das Kunstwerk tot.

Harmonie ist von der Regelmäßigkeit unterschieden. In den harmonischen Verhältnissen ist weder jene Regelmäßigkeit, wo eines zum anderen sich gleich verhält und auch nicht bloße Symmetrie, sondern Harmonie erfordert ein qualitatives Verhältnis, in welchem die Form ihre abstrakte Seite, also ihre Bestimmtheit **51**

zusammen, so ist es ein Widriges, Unangenehmes. So ist in den Farben das Grüne, Violett angenehm, sie affiziren unsere Augen weder zu stark noch zu schwach. [S. 63/03]
Ebenso ist das Weiche bei Kunstwerken angenehm, d. h. wo die Uebergänge in einander fließen, wo die einzelnen Theile sich nicht hart in ihren Unterschieden fest halten. Dies ist auch ein Zusammenstimmen, aber ein sinnliches. [S. 63/16]
Das Reine bezieht sich auch auf das Sinnliche aber setzt dieses Sinnliche ganz abstract. [S. 63/24]
Eine Farbe z. B. muß erstlich ohne alle fremde Einmischung, Schmutz seyn. [S. 63/31]

---

53 Unter die formelle Einheit ist zweitens zu fassen, was näher Einfachheit genannt werden kann. Wo das Äußerliche in seine Erscheinung tritt, verlangen wir, daß es in sich selbst als eines, Einfaches sei. [S. 43]
Ein spiegelheller See, die Meeresglätte erfreut uns ebenso wegen der abstrakten Einheit; ebenso wie der reine Klang der Stimme das unendlich Gefällige und Ansprechende hat, während eine unreine Stimme das Organ mithören läßt, die reine aber das Material nicht mit vernehmen läßt. [S. 72/01]
Ebenso sind die Töne in der Sprache auch rein wie die Vokale a, e, i, o, u; und gemischte wie ä, ö, ü. Volksmundarten haben eine Menge unreiner Töne, Mitteltöne von oa. [S. 72/27]
Ebenso sind reine Farben erfreulich: reines Blau, reines Rot. [S. 72/09]

durch die gesetzten Regeln überschreitet und der freien Subjektivität zugeht.

Die Materie als abstrakte Einheit

Neben der Regelmäßigkeit ist die andere abstrakte Seite das bloße Zusammenstimmen zum Sinnlichen der Empfindung. Es ist das Angenehme. Stimmt das Äußerliche nicht zusammen, so ist es ein Widriges, Unangenehmes. In den Farben ist das Grüne, Violett angenehm, ebenso ist das Weiche bei Kunstwerken angenehm, wo die Übergänge in einander fließen, wo die einzelnen Teile sich nicht hart in ihren Unterschieden fest halten. Das angenehme sinnliche Zusammenstimmen zum Sinnlichen der Empfindung kann aber auch im Reinen liegen, das dieses Sinnliche ganz abstrakt setzt. Es muss sich aber jeweils auch als rein darstellen, es muß ohne alle fremde Einmischung, ohne Schmutz sein. 52

Wo das Äußerliche in seine Erscheinung tritt, verlangen wir Einfachheit. Ein spiegelheller See, die Meeresglätte erfreuen uns wegen der abstrakten Einheit. Auch der reine Klang der Stimme ist gefällig und ansprechend, während eine unreine Stimme das Organ mithören, die reine Stimme aber das Material nicht mit vernehmen läßt. Die reinen Töne wie die Vokale a, e, i, o, u und die gemischten wie ä, ö, ü. sind ebenfalls gefällig. Dagegen haben Volksmundarten eine Menge unreiner Mitteltöne von oa. Ebenso sind reine Farben erfreulich: reines Blau, reines Rot. 53

54 Dies nun waren die beiden abstrakten Einheiten. Beide sind unlebendig und unwirklich, nur abstrakte. Indem nun näher die Einheit bestimmt ist, wie sie die Natur des Lebendigen ausmacht, so gehen wir jetzt zur eigentlichen Schönheit, zur idealen in ihrem Unterschiede gegen die Naturschönheit über. [S. 73/05]

55 Spricht man vom Schönen, so spricht man von ihm als einer Idee. Aber diese Ideen sind selbst noch ein Allgemeines, und das Ideal ist noch ein anderes als die Idee. [S. 73/19]

56 Die Naturschönheit also und das Ideal haben denselben Inhalt, und die Bestimmung des Unterschieds liegt in der Seite der Form als der Einzelheit. Was nun das Nähere dieser Bestimmung betrifft, was nämlich den Mangel des Natürlichen ausmacht, so ist es jetzt zu betrachten. Die erste Seite dieser Unvollkommenheit betrifft die Seite des Lebendigen überhaupt als Organismus. [S. 74/23]
Bei dieser Betrachtung ist das erste, daß wir die Subjektivität, das Moment der Individualität, der Lebendigkeit herausheben. [S. 73/17]
Der menschliche Körper aber hat den höheren Vorzug, obgleich auch in ihm die Bedürftigkeit noch zum Vorschein kommt, daß die Seele, der Geist im menschlichen Körper ist. In der Naturgestalt als solcher ist es besonders die Notwendigkeit, die erscheint; im Menschlichen aber erscheint auch der Punkt der Individualität, die Empfindung. [S. 76/28]

Dies waren die beiden abstrakten, unlebendigen, unwirklichen Einheiten. Nun soll näher jene Einheit bestimmt werden, welche die Natur des Lebendigen ausmacht, und so gehen wir zur idealen, eigentlichen Schönheit im Unterschied zur Naturschönheit über. 54

Kunstschönheit und Lebendigkeit

Spricht man vom Schönen, so spricht man von ihm als einer Idee. Das Ideal ist noch etwas anderes. 55

Als erstes heben wir die Subjektivität, das Moment der Individualität, der Lebendigkeit heraus. Als Lebendiges ist das Lebendige schön, denn es ist in Harmonie. Schön ist das Einwohnen der Seele in der Leiblichkeit, die nichts ist als der Ausdruck der Seele. Die Natur, das Lebendige, das Körperliche in seiner körperlichen Erscheinung, die durch den Geist belebte, beseelte Körperlichkeit ist das Schöne. 56

Das Organische hat den Gegensatz seiner Subjektivität und Leiblichkeit in sich. Es setzt als Lebendiges stets seinen Gegensatz und überwindet ihn wieder, es zehrt an sich selbst und erhält sich dadurch. Der fortwährende Prozeß des Unbefriedigtseins und des Zurückkehrens zur Befriedigung ist ein beständiger Wechsel, der die innere Lebendigkeit des Organischen ausmacht. Das Leben wird nie fertig, und sein Fortgang ist eigentlich das Wiederholen dieses Prozesses. Das Lebendige existiert nur als unmittelbar seiendes und ist immer in der Gefahr, sich aufzulösen. 57

---

57 1stlich hat das Organische in sich selbst diesen Gegensatz seiner Subjectivität und Leiblichkeit, es hat in sich selbst seine Äußerlichkeit. Dieser Prozeß macht die innere Lebendigkeit des Organischen aus; das Organische, als Lebendiges, ist dieser fortgehende Prozeß, es setzt seinen Gegensatz, und überwindet ihn wieder; es zehrt an sich selbst, und erhält sich dadurch. Dieser fortwährende Prozeß, das Unbefriedigtseyn, und das Zurückkehren zur Befriedigung ist ein beständiger Wechsel; das Leben wird nie fertig, und sein Fortgang ist eigentlich das Wiederholen dieses Prozesses. Die Einzelheit ist immer in der Gefahr, Noth, sich aufzulösen. Der Grund liegt darin, daß das Lebendige nur als Einzelnes existirt, als unmittelbar seyendes; daher hat seine Allgemeinheit nicht die allgemeine Thätigkeit, sondern das Allgemeine ist an ihm bloß als Wiederholung da. Das Einzelne ist nicht fortdauernd, sondern geht in Tod über. Es ist der Gattung, dem für sich Allgemeinen, entgegengesetzt, es kann nicht aushalten gegen die Natur, Macht seiner Gattung, es ist also vorübergehend. So ist also die Negativität des Einzelnen gesetzt, wodurch sich das Allgemeine als seine Macht zeigt; so existirt also das Allgemeine, die Gattung, nur auf eine negative Weise. [S. 66/20]

Auch die menschliche Organisation ist verkümmert und nicht bloß augenblicklich, sondern diese Verkümmernis bleibt bestehen. Die Kinder sind am schönsten, weil in ihnen noch alle

Das Einzelne ist nicht fortdauernd, es geht in Tod über. Das Allgemeine ist am Einzelnen bloß als Wiederholung da. Das Einzelne ist der Gattung, dem für sich Allgemeinen, entgegengesetzt, es ist vorübergehend. So ist die Negativität des Einzelnen gesetzt, wodurch sich das Allgemeine, die Gattung als Macht zeigt und so existiert diese nur auf eine negative Weise. Die Lebendigkeit des Menschen ist auch noch in sich selbst verkümmert und auch der Charakter ist vielfach beschränkt. Die Kinder sind am schönsten, weil in ihnen noch alle Partikularitäten schlummern, keine Leidenschaft gewütet hat.

Das Lebendige verhält sich nach außen zu einer unorganischen **58** Natur, zu einem selbständigen und gleichgültigen Anderen. Dadurch tritt das Lebendige in äußerliche Beziehung, es steht nicht allein für sich da, sondern es wird auch von anderem bestimmt. Die wirkliche Lebendigkeit des Individuums existiert nicht nur aus seinem Innern, ist bestimmt durch Gemüt, Natürlichkeit und durch Bedürfnis, doch auch durch Staat und durch Gesetz. Solche Gewalt von außen kann es in sich zwar umbilden, sobald es aber dasselbe nicht völlig verdaut und das Andre noch Macht behält, entstehen Auswüchse an ihm, es wird an seiner Realität verkümmert, und man sieht an ihm die Spuren dieser Umbildung, man sieht Narben. Hierher gehört alles, was wir zur Prosa des Lebens und des Bewußtseins rechnen, das Nicht-aus-sich-bestimmt-sein, sondern durch Anderes Ge-

Partikularitäten schlummern, keine Leidenschaft gewütet hat. [S. 78/28]

---

58 2tens verhält sich das Lebendige auch nach außen zu einer unorganischen Natur, zu einem Andern, welches selbständig gegen dasselbe auftritt, also ein gleichgültiges Daseyn für dasselbe hat. Dadurch tritt das Lebendige in die äußerliche Relativität, und dadurch ist seine Endlichkeit gesetzt; denn es steht nicht allein für sich da, sondern erhält Bestimmungen auch von andern. Solche Gewalt von außen kann es allerdings reconstruiren, umbilden in sich; sobald es aber dasselbe nicht völlig reconstruirt, verdaut, das Andre noch Macht behält, so entstehen Auswüchse an ihm, es wird an seiner Realität verkümmert, und man sieht an ihm die Spuren dieser Reconstruction, Narben. [S. 67/05]
Hierher gehört alles, was wir zur Prosa des Lebens und des Bewußtseins rechnen, das Nicht-aus-sich-bestimmt-sein, sondern durch Anderes Gesetzt und Bestimmtsein. [S. 77/19]
Sonst aber – in Rücksicht auf den Menschen – ist die Abhängigkeit auch mannigfach durch Gemüt und Natürlichkeit, durch Bedürfnis, durch Staat, durch Gesetz. Das Individuum ist dabei nicht aus sich tätig und zu fassen, sondern es ist aus anderem zu fassen, d. h. nicht als selbständige Lebendigkeit, die beim Begriff der Schönheit zugrunde liegt. Das Individuum erscheint also aus Abhängigkeit, nicht als frei für sich. [S. 77/14]

setzt- und Bestimmtsein. Das Individuum ist nicht nur aus sich tätig und aus sich zu fassen, sondern es ist auch aus anderem zu fassen. Die Lebendigkeit ist in den Widerspruch zur Welt eingebunden und Lebendigkeit ist der stete Kampf in diesem Widerspruch. Das Individuum ist nicht frei für sich, nicht selbständige Lebendigkeit, die dem Begriff der Schönheit zugrunde liegt, es erscheint in Abhängigkeit. Dies ist nicht Freiheit, verglichen mit der Freiheit des Geistes. Es ist Sache der Kunst, die Erscheinung der Lebendigkeit und vornehmlich der geistigen Lebendigkeit auch äußerlich in ihrer Freiheit darzustellen.

Das Ideal

Es genügt nicht zu sagen, das Ideal sei das Vollkommene. Dies 59 ist abstrakt. Es kommt darauf an, das Ideal und die Kunstschönheit näher zu bestimmen. Die Schönheit als Kunstschönheit fasst die Mannigfaltigkeit in einen Ausdruck zusammen. Dabei bleibt jeder Teil der Mannigfaltigkeit noch als besonderer bestehen, aber jeder Teil des Ausdrucks zeigt das Ganze als in Eins gefasst, als beseelt. Nehmen wir zur Erläuterung die menschliche Gestalt: sie ist eine Äußerlichkeit, eine Menge Organe, und jeder Teil zeigt nur eine partielle Regung. Im Auge aber erscheint die Seele als solche, in ihm ist der Geist sichtbar konzentriert. Durch das Auge sieht die Seele nicht nur, sondern sie wird auch in ihm gesehen. Die Kunst soll an allen Punkten der Oberfläche

Es ist Sache der Kunst, die Erscheinung der Lebendigkeit und vornehmlich der geistigen Lebendigkeit auch äußerlich in ihrer Freiheit darzustellen. [S. 78/32]

59 Die Mannigfaltigkeit nun in einen Ausdruck zusammenzufassen, so, daß noch ein Außereinander ist, aber jeder Teil an ihm zeigt das Ganze als in Eins gefaßt oder, daß das Ganze als beseelt sich darstellt: Dies ist die nähere Bestimmung des Ideals, die Schönheit, wie sie als Kunstschönheit sein soll. [S. 79/12]
Nehmen wir hier zur Erläuterung die menschliche Gestalt, so ist sie noch eine Äußerlichkeit, eine Menge Organe, in die der Begriff auseinandergegangen ist, und jeder Teil zeigt nur eine partielle Regung. Fragen wir aber nach dem Organ, in welchem die Seele als solche erscheint, so wird uns sogleich das Auge einfallen, in dem der Geist als sichtbarer konzentriert ist. Wir sagten schon früher, daß an dem menschlichen Körper im Gegensatz des tierischen überall das pulsierende Herz sich zeige. Auf dieselbe Weise kann von der Kunst gesagt werden, daß sie das Erscheinende an allen Punkten der Oberfläche zum Auge zu erheben habe, welches der Sitz der Seele ist, den Geist erscheinen läßt. [S. 79/17]
Die Kunst gebe dem Gegenstand tausend Augen, um überall gesehen zu werden. Denn durch das Auge sieht die Seele nicht nur, sondern wird auch darin gesehen. [S. 79/29]

das Erscheinende zum Auge erheben, dem Gegenstand tausend Augen geben und den Geist erscheinen lassen.

Das Ideal unterscheidet sich vom Wirklichen, dem die Äußerlichkeit, Endlichkeit noch wesentliches Moment ist. Das Ideal unterscheidet sich von der Idee, die zwar auch Einheit des Begriffs und der Realität ist, deren Realität aber gedacht ist. Die Idee gehört zum Denken, das Ideal existiert. Das Ideal kann man wirklich und auch nicht wirklich nennen. Wirklich ist es, insofern es noch äußerliche Realität hat, nicht wirklich, weil es der Begriff und die Realität dieses Begriffs ist, aber so, daß es die Entlassung seiner Momente zur freien Selbständigkeit, zur Gestalt enthält. Das Ideal hat noch die Rinde der Äußerlichkeit der Endlichkeit, Zeitlichkeit, Relativität als Schatten um sich, und der Blick des Geistes muß diese Rinde abtrennen, um die Wahrheit zu erfassen. 60

Die Kunst stellt die Wahrheit des Daseins dar. Die Wahrheit hat aber nicht bloße Richtigkeit zu sein, sondern das Äußere muß mit einem Inneren zusammenstimmen. Im Idealen ist das äußerliche Dasein dem Inneren gemäß und zu ihm zurückgeführt. Dem Ideal ist ein Geistiges eingehaucht, der Geist findet darin irgendeine seiner Bestimmungen, er ist dadurch angeregt und erkennt sich. Zum Idealen gehört, daß es in der sinnlichen Welt in sich geschlossen ist, daß der Geist den Fuß in das Sinnliche setzt, aber ihn zu sich zurückzieht, um, auf sich beruhend, frei, im Äußerlichen mit sich zusammengeschlossen sich genießt, 61

60 Die Idee gehört zum Denken, Gedanken; das Ideal existiert. [S. 77]
Das Ideal unterscheidet sich also so von dem Wirklichen und der Idee; von dem Wirklichen, indem an der Wirklichkeit die Äußerlichkeit noch wesentliches Moment ist, wodurch es beschränkt, endlich ist; von der Idee, indem diese auch zwar Einheit des Begriffs und der Realität ist, aber so, daß die Realität eine gedachte ist. Das Ideal kann man also wirklich und auch nicht wirklich nennen. Wirklich ist es, insofern es noch äußerliche Realität hat; nicht wirklich, weil es der Begriff und die Realität dieses Begriffs ist, aber so, daß es außerdem noch die Entlassung seiner Momente zur freien Selbständigkeit enthält. Man muß von dem Ideal nicht glauben, daß es ein bloß Jenseits sey; es hat noch die Rinde der Äußerlichkeit um sich, die Rinde der Endlichkeit, Zeitlichkeit, Relativität, und es ist der Blick des Geistes, der diese Rinde abtrennen muß, um die Wahrheit zu erfassen. [S. 68/29]

61 Wahrheit des Daseins zum Gegenstand: das Dasein, insofern es dem Begriff angemessen ist, der so sein muß, daß er an-und-für-sich ist. Die Wahrheit also hat nicht bloße Richtigkeit zu sein, sondern das Äußere muß mit einem Inneren zusammenstimmen, das an ihm selbst ein Wahres ist. [S. 81/13]
Zum Idealen also gehört, daß es in der sinnlichen Welt zugleich in sich geschlossen ist, der Geist den Fuß in das Sinnliche setzt, aber ihn zu sich zurück-

daß er sinnlich selig in sich ist, im Äußerlichen sich hat, seiner sich freut, den Klang der Seligkeit durch alles ertönen läßt wie es auch auseinander sich breitet, sich nie verliert, immer bei sich bleibt. Das ist die allgemeinste Bestimmung des Ideals. Das Ideal ist nicht bloß Idee, es ist wirklich, und im Ideal erscheint die Idee in der Sinnlichkeit.

Das Ideal ist nicht bloß Idee, sondern es hat Wirklichkeit, es tritt in die Äußerlichkeit und es muß aber in diesem Herausgehen in die Endlichkeit die Idealität selbst noch erhalten. Die Frage ist dann, inwiefern das Dasein als Endlichkeit in sich die Idealität empfangen kann, inwiefern also die Verhältnisse des Daseins fähig sind, das Ideal darzustellen. Dazu ist zuerst die äußerliche Welt als Zustand zu betrachten, in welchem das individuelle Ideal sich darstellt, zweitens die Situation, drittens die Reaktion gegen die Situation und viertens die äußerliche Welt selbst. 62

Die äußerliche Welt als Zustand

Wir müssen nicht jede Gesellschaft einen Staat nennen. Konstitutiv für den Staat sind die Gesetze. Die Handhabung des Rechts und des Sittlichen beruht nicht auf der besonderen Willkür dieser oder jener Individuen. Im Zustand des Staates ist das Individuum, die Gestalt nicht selbständig, denn eine selbständige Gestalt verhält sich für sich, nicht für das Allgemeine, das schon ohne sie wirklich ist. Nur so ist Handlung in ihrem ganzen Um- 63

zieht, auf sich beruhend, frei, im Äußerlichen mit sich zusammengeschlossen ihn genießend, als sinnlich selig in sich seiend, im Äußerlichen sich habend, seiner sich freuend, den Klang der Seligkeit durch alles ertönen lassend wie es auch auseinander sich breitet, sich nie verlierend, immer bei sich bleibend. Das ist die allgemeinste Bestimmung des Ideals gegen das Natürliche als Schönes. [S. 82/13]

62 Das Ideal für sich ist leicht zu fassen; das Schwierige daran ist, daß es, indem es nicht bloß Idee ist, sondern auch Wirklichkeit hat, mit dem Dasein in die Äußerlichkeit tritt, aber in diesem Herausgehen in die Endlichkeit die Idealität selbst noch erhalte. [S. 82/21]
Die Frage ist jetzt, inwiefern das Dasein als Endlichkeit kann in sich die Idealität empfangen. [S. 89/29]
Wir haben hier also von den Verhältnissen des Daseins zu sprechen, insofern es das Ideal darzustellen fähig ist. Die verschiedenen Punkte sind hier: zuerst die Betrachtung der äußerlichen Welt als Zustand, in welchem das individuelle Ideal sich darstellt; zweitens des besonderen Zustandes oder der Situation; und drittens der Reaktion gegen die Situation. Das vierte ist die Seite der ganz äußerlichen Bestimmtheit, in welcher das Ideal dann ist. [S. 83/15]

63 Wir müssen nicht jede Gesellschaft einen Staat nennen. Konstitutiv für den Staat sind die Gesetze, das Wesentliche des Willens... Die

fange die Handlung des Individuums. Im Staat ist der Mensch nur durch seine Gesinnung, durch seine Einsicht frei, er kann ihn für sein Eigenes ansehen oder auch nicht. Der Staat schützt seine Existenz. Wo kein Staat ist, ist die äußere Existenz abhängig vom Individuum. Solange der Mensch nicht im Staate gebunden ist, also in der Zeit der Heroen, wo das Recht im Willen des Individuums liegt, ist das Ideal anders beschaffen als in Zeiten des gesetzlichen Staates. In geordneten Gemeinwesen ist das Individuum das weniger Bedeutende, das Untergeordnete, der Staat ist als bindende Größe vorhanden und überschreitet den Willen des Einzelnen. Die Heroen gehen alle Verbindungen in Freiheit ein, schaffen von sich aus selbst die Einheit, ein Zusammen, ihr Zusammen. Es gibt kein übergeordnetes, verpflichtendes Gesetz, jedwede Teilnahme an Taten oder am Streit ist selbständige Entscheidung, Willkür. Herkules ist der Held der griechischen Tugend. Seine Tugend ist keine moralische Tugend, sie ist ganz individuell, sie ist die selbständige Kraft des Individuums, und diese selbständige Kraft erzeugt das Recht. Die Kunst jener Zeit kann das Ideale nur herausstellen, wenn sie auf dem Boden eben dieser Subjektivität das Bild erscheinen lässt. Das Glänzendste von unabhängiger Selbständigkeit zeigt sich in diesen Helden.

Ganz anders in der modernen Welt. Selbst Richter, Fürsten und Monarchen tun nur ihre Schuldigkeit und taugen nicht fürs Heroische. Heroisches ist nur möglich in der Rückerinnerung an [64]

Handhabung des Rechts und des Sittlichen beruht nicht auf der besonderen Willkür dieser oder jener Individuen, rechtliche Handlungen sind nur einzelne Fälle, welche nur herumspielen bei diesem für sich festen Ganzen… In diesem Zustande kann man nicht sagen, daß das Individuum, die Gestalt selbständig ist. [S. 84]
Eine selbständige Gestalt verhält sich für sich, nicht für das Allgemeine, das schon ohne sie wirklich ist. Dies macht den Unterschied aus in Hinsicht der Handlung; nämlich die Handlung in ihrem ganzen Umfange ist die Handlung des Individuums; im Staate ist dagegen die Handlung schon ein Partielles. [S. 71/25]
Im Staat ist der Mensch nur frei durch seine Gesinnung, durch seine Einsicht; nach seiner Existenz ist er geschützt durch das Andere, das er für sein Eigenes ansehen kann und nicht. Wo kein Staat also ist, ist auch die äußere Existenz abhängig vom Individuum. [S. 85/27]
Daher ist der Held der griechischen Tugend in der Gestalt des Hercules aufgestellt; seine Tugend ist ganz individuell, sie ist keine moralische Tugend, sondern die selbständige Kraft des Individuums, so daß das Recht nur durch diese selbständige Kraft erzeugt ist. [S. 72/12]
Das Glänzendste von unabhängiger Selbständigkeit zeigt sich in diesen Helden. [S. 87/01]

---

64 Der König ist zwar der höchste, die Spitze des Ganzen, und man könnte ihm daher mehr als den andern die aus seiner Individualität entspringende

Zeiten, in denen das Subjekt nach seinem Maß willkürlich handeln konnte. Selbst beim Monarchen kommt das, was er handelt und handeln kann, nicht aus der Individualität des Willens. Der König ist zwar die Spitze des Ganzen, und man könnte ihm daher mehr als den andern die aus seiner Individualität entspringende Freiheit der Handlung zuschreiben, aber auch gegen ihn ist der Kreis der Einrichtungen, Gesetze schon bestimmt und festgesetzt vorhanden, und seine Individualität kann nichts Substanzielles hinzutun. In unseren Verhältnissen kann der Mensch nur noch in einem sehr geringen, beschlossenen Kreis in subjektiver Freiheit handeln. Es gibt hier Ideale von einem guten Hausvater, von ehrlichen Männern. Den Gestalten in unseren Zuständen sehen wir überall Gedrücktheit an. Sie sind abhängig und eingeengt von ihrer Leidenschaft und von gesetzlich berechtigter Willkür, welche die unüberwindliche Macht der bürgerlichen Ordnung hinter sich hat.

In moderner Zeit wäre der Zusammenstoß zwischen der Subjektivität und der Gesetzlichkeit in Revolte und Aufstand noch die Weise des Ideals. Diesen Gedanken denkt Hegel nicht. Das Aufbegehren Carl Moors in Schillers Räuber ist ihm nur Verbrechen. Das Individuum tritt, verletzt von der Ordnung und von den Menschen, die sie mißbrauchen, als Feind der gesellschaftlichen Ordnung auf, bekriegt diese Ordnung durch eigene Kraft, will das Recht herstellen und die Unbilden dieser Ordnung 65

Freiheit der Handlung zuschreiben; aber auch gegen ihn ist der Kreis der Einrichtungen, Gesetze schon bestimmt und festgesetzt vorhanden, und seine Individualität kann nichts Substanzielles hinzuthun. [S. 73/07]
Sehen wir dagegen das Verhältnis unseres Staates, so sind die Ideale hier in einem viel beschränkteren Kreise, wo der Mensch noch in subjektiver Freiheit in betreff auf seine Existenz wirken kann. Dieser Kreis ist ein sehr beschlossener. Es gibt hier Ideale von einem guten Hausvater, von ehrlichen Männern, deren Handlungsweise sich auf einen Kreis bezieht, der für die Willkür noch frei gelassen ist. [S. 87/06]
Wenn ein anderer Zustand, wie z. B. der unsrige, aufgestellt wird, und nun wieder Gestalten darin sich zeigen, so sehen wir ihnen überall die Gedrücktheit an; sie sind überall abhängig und eingeengt von ihrer Leidenschaft, von Willkür, die gesetzlich berechtigt ist und hinter sich die unüberwindliche Macht der bürgerlichen Ordnung hat. [S. 88/15]

65 Bei Schiller ist in den Räubern der Inhalt, daß das Individuum – von dem, was Ordnung ist, und von den Menschen, die sie mißbrauchen, verletzt – als Feind der gesellschaftlichen Ordnung auftritt und durch eigene Kraft diese Ordnung bekriegt, das Recht herstellen will und die Unbilden dieser Ordnung aufheben. Moor wird Räuber und kreiert sich selbst einen heroischen Zustand. [S. 89/04]

aufheben. Moor wird Räuber und schafft sich selbst einen heroischen Zustand. Sein Ideal, durch dessen Realisierung er die Selbstständigkeit zu erlangen glaubte, war das Räuberideal. Das kann höchstens Knaben befeuern.

Der besondere Zustand, die Situation

Eine für die Kunst bedeutsame Situation, ein besonderer Zustand entsteht dann, wenn nicht bloße Gewohnheit und Gleichmaß, Harmonie vorliegen. Gewohnheit ist keine würdige Weise der Macht. Innere Mächte müssen als Mächte zur Erscheinung kommen, Gestalt annehmen, Dasein erhalten, bestimmt gegeneinander erscheinen und dadurch in Gegensatz zueinander geraten. So entsteht die Situation. Zu ihr gehören also Umstände und das Verhältnis des Menschen zu diesen Umständen. Umstände allein sind uninteressant. Die alten Tempelbilder, die Götter in ihrer starren Ruhe sind ganz situationslose Gebilde. Der christlichen Religion ist Gottvater solch Prozeßloses. 66

Im Übergang von der Ruhe zur Bewegung als Äußerung der Regung schreitet die Kunst zunächst rein äußerlich aus dem Zustand zur bestimmten Situation. Das bezeichnet den Übergang von altägyptischen zu griechischen Gestalten. Die Ägypter stellen ihre Götter mit geschlossenen Beinen dar, die Griechen geben der Gestalt eine schreitende Stellung. Ausruhen, Schlafen 67

Sein Ideal, durch dessen Realisirung er die Selbstständigkeit zu erlangen glaubte, war das Räuberideal, das kaum als Ideal erscheinen kann, und höchstens nur für Knaben. [S. 75/16]

66 Eine Gewohnheit aber ist keine würdige Weise der substantiellen Macht, insofern sie wesentlich dem Selbstbewußtsein angehört; die inneren Mächte müssen daher in würdigerer Gestalt erscheinen als im bloßen Zustande: Indem sie selbst zur Erscheinung als Mächte kommen, so müssen sie Gestalt annehmen, Dasein erhalten und in Bestimmtheit gegeneinander erscheinen – und geraten dadurch in Gegensatz zueinander. In diesem Erscheinen beginnt die Situation. [S. 89/32]
Ganz situationslose Gebilde sind die Götter in ihrer starren Ruhe, die alten Tempelbilder. [S. 90/25]
In der christlichen Religion ist Gott der Vater solches Prozeßloses. [S. 90/29]

67 Die erste Situation ist nur der Übergang von der Ruhe zur Bewegung als Äußerung der Regung – teils des Bedürfnisses, teils mechanischer Bewegung. So ist der Übergang von altägyptischen Gestalten zu griechischen bezeichnet. [S. 91/01]
Ausruhen, Schlafen sind einfache Situationen, und sie gehören der Skulptur vorzüglich zu. Durch solches unwichtiges Tun haben die Griechen gerade das Hohe ihres Ideals mehr hervorgehoben; denn ist die Bewegung ganz harmlos, (so) ist gerade in der Unbedeutendheit der Handlung die stille Größe der Götter nähergebracht, und so ist solche harmlose Handlung zweckmä-

sind einfache Situationen, aber durch solches unwichtiges Tun haben die Griechen das Hohe ihres Ideals besonders hervorgehoben, denn wenn die Bewegung ganz harmlos ist, so ist gerade in der Unbedeutendheit der Handlung die stille Größe der Götter näher gebracht. Diese Situationen sind noch keine Handlung, denn zur Handlung gehört ein sittlicher Zweck.

Die Situation muß zur Handlung fortschreiten, und Handlungen sind nur interessant, wenn sie begründete Gegensätze, wenn sie einen Widerstreit enthalten. Dies kann ein physisches Übel wie Krankheit oder Verwundung sein, oder eine zufällige Leidenschaft, wie etwa die Liebe oder auch Herrschsucht. Stets sind die Handlungen die klarste Enthüllung des Individuums. Was es in seinem Grunde ist, kommt durch die Handlung erst zum Vorschein. Entscheidend ist, dass durch Leidenschaften und darin begründeten Handlungen sittliche oder religiöse Verletzungen geschehen, die so die Situation bildet und die Umstände eine Reaktion veranlassen. 68

Die Reaktion gegen die Situation

Die wahrhafte Situation beginnt jetzt, mit der Reaktion, weil auf ein vorgehendes Handeln hin gehandelt, weil gegen die Verletzung des Sittlichen reagiert, weil das Notwendige wieder hergestellt werden muss. Dabei kann die Verletzung des Sittlichen 69

ßiger zur Darstellung als eine bestimmte konkrete Handlung. [S. 91/08]
Diese Situationen sind eigentlich noch keine Handlung, denn zu ihr gehört ein sittlicher Zweck. [S. 92/01]

68 Die Handlungen sind die klarste Enthüllung des Individuums. Was es in seinem Grunde ist, kommt durch die Handlung erst zum Vorschein. [S. 96/09]
Die Hauptumstände in Beziehung auf eine Situation sind aber, daß durch eine solche Leidenschaft sittliche oder religiöse Verletzungen geschehen, überhaupt, daß Umstände seien, die eine Reaktion veranlassen. [S. 93/01]

...

70 Nach unseren berechtigten und gewöhnlichen Vorstellungen ist das Individuum persönlich für sich, und wofür es zu stehen hat, ist seine eigene, partikulare Handlung; im heroischen Verhältnis findet diese Trennung aber nicht statt, sondern es erscheint hier z. B., was wir ein verdammtes Geschlecht heißen, so daß die Schuld, überhaupt die Tat des Ahnherrn, auf seine Familie übergeht, auf seine Söhne und Enkel vererbt wird. [S. 46]
Die Thaten der Väter leben noch in den Kindern fort, die Penaten, die Geister der Väter sind auch in den Kindern. [S. 74/06]
Das Für-sich-Stehen nach unseren Verhältnissen scheint eine große Selbständigkeit des Individuums zu enthalten, aber diese Selbständigkeit des Individuums, die nur persönlich ist, wo jeder

aktuell sein oder lange zurückliegen, das ist in unterschiedlichen Zeiten verschieden, wie auch die Reaktionen verschieden sind. Entscheidend ist nur, dass auf eine Aktion eine Reaktion erfolgt.

Das heroische Individuum ist Sohn seiner Familie, und seine individuelle Persönlichkeit ist seinem Familienleben nicht entgegengesetzt. Im heroischen Verhältnis ist keine Trennung von Familie und Individuum, die Tat des Ahnherrn geht auf seine Familie über, die Schuld wird auf seine Söhne und Enkel vererbt und hier erscheint, was wir ein verdammtes Geschlecht heißen. Die Person ist in jener heroischen Selbständigkeit nicht nur als formelles Subjekt, sondern zugleich idealisch mit seinem Familienverhältnis gesetzt. Anders heute: Nach unseren Vorstellungen ist das Individuum persönlich für sich, und es hat für seine eigene, partikulare Handlung zu stehen. Unser Für-sich-Stehen scheint eine große Selbständigkeit des Individuums zu enthalten, aber sie ist nur persönlich, jeder ist als Einzelner nur für sich. Das ist nur die abstrakte Selbständigkeit der Person. 70

In aller Kunst, in der Götter den Helden begegnen, in der sie den Menschen etwas befehlen, ihnen Aufträge erteilen, in ihre Handlungen eingreifen, ist der Befehl der Götter schon in einem inneren Charakterzug des Handelnden angelegt. Sonst wären die Götter bloße Maschinerie. Bei Homer treten die Götter sich entgegen und nehmen teil an Schlacht und Kampf. Sie sind die 71

als einzelner nur für sich ist, ist zugleich nur die abstrakte Selbständigkeit der Person; jene heroische Selbständigkeit ist aber insofern die idealischere, weil hier nicht nur die Person als formelles Subjekt gesetzt ist, sondern das Subjekt zugleich als idealisch mit seinem Familienverhältnis. [S. 47]

71 Das Handeln kommt dem Menschen zu, es ist erforderlich, daß die Mächte betätigt werden. [S. 55]
Bei Homer treten die Götter sich entgegen, nehmen Teil an Schlacht und Kampf, sie sind die Treibenden, nicht die Handelnden. [S. 55]
Die Götter selbst haben kein Pathos, sie sind leidenschaftslos, ihr Streit enthält etwas Ironisches, ihr Krieg etwas Symbolisches. [S. 56]
Eine bestimmte Konsequenz in einem Zweck zu haben und darin zugrundegehen, dies kann bei den Göttern nicht vorkommen. [S. 98/13]
Diese Mächte, wenn sie im Menschen ihre Bestätigung erhalten, nennen wir gewöhnlich Leidenschaften, besser Pathos. [S. 56]
Der Mensch in einer Leidenschaft ist in einem Pathos, dessen hat ein Gott sich bemächtigt, er ist nicht mehr freies Subjekt als solches, ist außer sich, während das Beisichsein die Freiheit ist. [S. 103/01]
Das Pathos liegt im Selbst des Menschen und diese Leidenschaften bilden den Mittelpunkt der Kunst. Es wird eine Saite im Menschen berührt, die in jeder Brust widerklingt, es wird etwas im Menschen angeregt, das jeder anerkennen soll. [S. 56]

Treibenden, aber nicht die Handelnden. Das Handeln kommt dem Menschen zu. Die Götter sind heiter, sie machen, was sie wollen, und sie können auch machen, was sie wollen. Wenn sie sich streiten und ins Menschliche eingreifen und Taten ermöglichen oder erzwingen, dann gehen sie anschließend doch wieder in den Olymp zurück, und alles ist für sie, als sei nichts gewesen. Die Götter selbst haben kein Pathos, sie sind leidenschaftslos, ihr Streit enthält etwas Ironisches, ihr Krieg etwas Symbolisches. Sie legen nie ihre ganze Individualität in ein bestimmtes Interesse, es kann bei den Göttern nicht vorkommen, eine unbedingte Konsequenz in einem Zweck zu haben und darin zugrunde gehen. Wenn bestimmte Interessen und Mächte im Menschen ihre Bestätigung erhalten, nennen wir sie gewöhnlich Leidenschaften, besser Pathos. Der Mensch in einer Leidenschaft ist in eincm Pathos, dessen hat ein Gott sich bemächtigt, er ist nicht mehr freies Subjekt als solches, er ist außer sich. Das Pathos und diese Leidenschaften bilden den Mittelpunkt der Kunst.

Das, was objektiv ist und äußerlich erscheint, muss auch subjektiv [72] im Gemüt sein und sich zugleich als ein Innerliches des Menschen zeigen. Was der Mensch tut, muss gleichzeitig ein Inneres und Äußeres sein. Nicht jedes Tun ist Handlung. Handlungen sind Taten, in denen sich das Individuum zeigt. Ein Gott ist mehr nur eine Eigenschaft, eine substantielle Seite, der Mensch

72 Ein Gott ist mehr nur eine Eigenschaft, eine substantielle Seite. Der Mensch ist subjektive Totalität, zu einem Menschen gehören alle Götter; er verschließt in seiner Brust alle die Mächte, die im Kreis der Götter auseinandergeworfen sind, er ist der Reichtum des ganzen Olymps. Damit ist es bestimmt, welche Stellung das Subjekt hat: daß es nämlich sich als der Reichtum dieser vielfachen Beziehungen zeigt. [S. 102/27]
Das Subjekt muß die Fähigkeit zeigen, nach vielen Seiten ein Ganzes zu sein, so daß alle diese verschiedenen Punkte zur Lebendigkeit kommen. [S. 103/14]

73 Die Äußerlichkeit ist nicht zu übersehen, sondern gehört zum wesentlichen Dasein des Idealen. [S. 101]
Diese Seite ist es, wo das Ideale mit der Prosa des gemeinen Lebens in Berührung kommt. [S.105/10]

74 Die bestimmte Beschreibung dieser Gegend macht uns eben die Subjekte selbst deutlich, denn sie sind mit ihrer Umgebung in Harmonie. Durch diese Zusammenstimmung zeigen sich die Personen in ihrem Dasein zu Hause. [S. 107/29]
Das zweite ist eine Zusammenstimmung, insofern sie durch den Menschen hervorgebracht wird. Die Partikularität des Menschen und sein Bedürfnis ist hier das Bestimmende; die Seite ist also die, wie der Mensch die Naturdinge vermenschlicht, wie er sie gebraucht, Macht über sie übt und zugleich, wie sie fähig sind zu seiner Befriedigung. [S. 108/01]

dagegen ist subjektive Totalität. Zu einem Menschen gehören alle Götter. Er verschließt in seiner Brust alle die Mächte, die im Kreis der Götter auseinander geworfen, aufgefächert sind, er ist der Reichtum des ganzen Olymps. Die Kunst zeige das Subjekt als den Reichtum dieser vielfachen Beziehungen, zeige seine Fähigkeit, nach vielen Seiten ein Ganzes zu sein und bringe diese verschiedenen Punkte zur Lebendigkeit.

Die äußerliche Umgebung

Zum Idealen gehören sowohl das Individuum in seiner Unmittelbarkeit, als auch seine Beziehung auf die äußerliche Welt. Die Äußerlichkeit gehört wesentlich zum Idealen, denn hier kommt das Ideale mit der Prosa des gemeinen Lebens in Berührung, und die ganz gemeine Wirklichkeit tritt ein. 73

Die Beziehung des Menschen zu dieser äußeren Welt soll nicht negativ dargestellt werden, der Mensch soll sich heiter und frei in ihr bewegen. Die bestimmte Beschreibung einer Gegend macht uns die Subjekte selbst deutlich, denn sie sind mit ihrer Umgebung in Harmonie. Durch diese Zusammenstimmung zeigen sich die Personen in ihrem Dasein zu Hause. Eine weitere Zusammenstimmung bringt der Mensch durch seine Partikularität und sein Bedürfnis hervor, denn er läßt die unorganische Natur nicht so, wie er sie findet, sondern er vermenschlicht sie, er braucht sie, er schmückt sie und sich mit ihr. Er braucht sie zu seinen 74

Der Mensch läßt diese unorganische Natur nicht so, wie er sie findet, sondern er vermenschlicht sie, er braucht sie, er schmückt sie und sich mit ihr; er braucht sie zu seinen Zwecken, und indem er diese an ihr realisirt, so hat er so an der unorganischen Natur eine Anschauung seines Innern, seiner selbst. [S. 93/13]
Sprechen wir von den Trieben, so ist der erste Trieb des Menschen der theoretische, sich mit den äußeren Dingen zu schmücken, sich dadurch zu zeigen, daß das Köstliche, was die Natur gibt, was von den Naturdingen den Blick auf sich zieht, für sich nicht interessant ist, nicht für sich als Natürliches bleibe, sondern am Menschen erscheine als ihm gehörend. Der Mensch sagt dadurch, daß die Naturdinge nicht sich, sondern ihn zeigen sollen. Der Mensch zeigt auf diese Weise sich selbst, nicht die Naturdinge; ebenso schmückt der Mensch das von ihm Geehrte: Götter und Fürsten. [S. 108/09]
Weiter bezieht der Mensch die partikulären Naturdinge auf seine Bedürfnisse, bringt einen praktischen Zusammenhang vorher, hat das Dasein nicht nur zu schmücken, sondern auch zu erhalten. [S. 108/23]
Hier geht die Arbeit und Not und die Abhängigkeit des Menschen von der Endlichkeit an. Hier hat die Prosa, der Verstand seinen Sitz. [S. 108/27]

75 Dieser Schein ist besonders in den Gebilden der modernen Zeit, wo die Sehnsucht des Gemüts, die Innerlichkeit, das Letzte ist. [S. 105/15]

Zwecken, und indem er diese seine Zwecke an ihr realisiert, hat er an der unorganischen Natur eine Anschauung seines Innern, seiner selbst. Zuerst schmückt der Mensch sich mit den äußeren Dingen und zeigt sich dadurch, daß das Köstliche, was die Natur gibt und was von den Naturdingen den Blick auf sich zieht, für sich nicht interessant ist, nicht für sich als Natürliches bleibe, sondern am Menschen erscheine als ihm gehörend. Die Naturdinge sollen nicht sich, sondern ihn zeigen. So schmückt der Mensch auch das von ihm Geehrte: Götter und Fürsten. Weiter dann bezieht der Mensch in einem praktischen Zusammenhang die Naturdinge auf seine Bedürfnisse, er schmückt das Dasein nicht nur, er hat es auch zu erhalten. Hier beginnen die Arbeit und die Not und die Abhängigkeit des Menschen von der Endlichkeit. Hier hat die Prosa, der Verstand seinen Sitz.

Wird diese Seite abgeschnitten, dann entrückt das Ideale ganz der Sphäre der Bedürftigkeit. Dieser Schein ist besonders in den Gebilden der modernen Zeit, wo die Sehnsucht des Gemüts, die Innerlichkeit, das Letzte ist. Das Ideale ist falsch aufgefasst, es ist eine kranke Idealität, denn der Mensch ist subjektive Totalität und schließt die unorganische Natur, das Äußerliche aus und verhält sich notwendig dazu. Zum Subjekt gehört eine umschließende Welt wie zum Gott ein Tempel. Die Kunst beseitigt diese Seite, wenn sie den Menschen in die Vorstellung des goldenen Zeitalters, in einen idyllischen Zustand versetzt, wo er sich

75 Allein dies ist dann eine falsche Weise des Auffassens des Idealen, eine kranke Idealität. Denn der Mensch ist subjektive Totalität, und als diese ist er ausschließend gegen eine unorganische Natur, gegen das Äußerliche, und indem er sich ausschließt, verhält er sich dazu. Zum Subjekt gehört eine umschließende Welt wie zum Gott ein Tempel. [S. 105/19]
Die nächste Weise, wie die Kunst diese Seite des Bedürfnisses beseitigt, ist bekanntlich, daß der Mensch in die Vorstellung des goldenen Zeitalters, in einen idyllischen Zustand versetzt wird. Solchen Zustand sieht man gern als idealischen an, wo der Mensch sich unmittelbar mit dem begnügt, was ihm die Natur liefert. [S. 108/29]
Solches Leben wird uns bald langweilig. [S. 109/06]
Denn solche beschränkte Lebensart setzt auch einen Mangel der Entwicklung des Geistes voraus. Es gehört zum Menschen, daß er höhere Triebe habe als ihm die Natur befriedigt. Solches Idyllenleben ist geistesarm. Der Mensch muß arbeiten. Die physischen Bedürfnisse regen die Tätigkeit auf, geben das Gefühl der innerlichen Kraft, wonach sich auch die tieferen Kräfte entfalten können. Der Genuß des Menschen muß kein tatenloser sein. [S. 109/10]

76 Das Kunstwerk ist nicht für sich, sondern für uns, und wir sollen darin zu Hause sein. Die Schauspieler sprechen nicht nur für sich, sondern zu uns, und dies ist der Fall mit allen Kunstwerken. [S. 111/13]

unmittelbar mit dem begnügt, was ihm die Natur liefert. Dies sieht man zwar gern als idealischen Zustand an, aber uns wird solches Leben bald langweilig, denn eine solche beschränkte Lebensart setzt einen Mangel der Entwicklung des Geistes voraus. Es gehört zum Menschen, daß er höhere Triebe habe, als ihm die Natur befriedigt. Solches Idyllenleben ist geistesarm. Der Mensch muß arbeiten. Die physischen Bedürfnisse regen die Tätigkeit auf, geben das Gefühl der innerlichen Kraft, wonach sich auch die tieferen Kräfte entfalten können. Der Genuß des Menschen muß kein tatenloser Genuß sein.

Das Kunstwerk ist nicht für sich, sondern für uns, und wir sollen darin zu Hause sein. Die Schauspieler sprechen nicht für sich, sondern zu uns, und dies ist der Fall mit allen Kunstwerken. Was uns im Kunstwerk vorgeführt wird, soll auch in Zusammenstimmung mit uns kommen. Wir wissen, dass die Zeit im Kunstwerk eingeschrieben ist. Wir können Babylon oder Zion symbolisch nehmen, wir haben unsere Gegenwart in jedem Stoffe. 76

Das Kunstwerk und der Künstler

Der Stoff hat ein Verhältnis zur Subjektivität des Künstlers und der Künstler hat ein Verhältnis zum Stoff. Was der Künstler unter die Hände kriegt, wird eine Gestalt, denn das Organ, mit dem er das ausspricht, was in ihm ist, ist eine Gestalt. In ihr ent- 77

---

77 Was er unter die Hände kriegt, wird eine Gestalt unter ihm. [S. 106]
Der subjektive Künstler hat die Gründlichkeit seines Gemüts und das Bedürfnis, dies auszudrücken. Das Organ, mit dem er ausspricht, was in ihm ist, ist eine Gestalt. [S. 63]
Indem der Künstler seine Idee entwickeln will, so ist das Organ hierfür seine Gestaltung, und da ist diese Leichtigkeit im Technischen vorhanden. [S. 107]
In diese Seite fällt die Manier, Originalität. [S. 116/26]
In der subjectiven Darstellung kommt nicht die Sache selbst zum Vorschein, sondern nur die Eigenthümlichkeit des Verfassers. Es ist aber ein schlechtes Kunstwerk, wo diese Subjectivität des Künstlers hauptsächlich hervorscheint, und nicht die Sache selbst, wo er selbst seine pragmatischen Sentenzen einmischt. [S. 106/30]
Originalität ist, daß man nur die Sache sieht, das Objektive, nicht den Künstler. [S. 66]
Die wahrhafte Originalität ist die, daß der Künstler nur die Sache vorstellig macht und nichts von seiner Partikularität. Die große Manier ist, von der Eigentümlichkeit des Dichters nichts gewahr zu werden, so daß er bloß als passiver Durchgangspunkt erscheint, durch den der Inhalt sich darstellt. [S. 117/19]
Die großen Künstler haben deswegen große Leichtigkeit in der Technik. [S. 63]

---

78 Diese nähere Bestimmung des Ideals kann aufgefaßt werden als das Verhältnis der Idee zu

wickelt er seine Idee. Die Partikularität des Künstlers kann den Stoff verderben. Hat der Künstler den Stoff nicht durchdrungen, nimmt das Äußerliche überhand, dann kommt in der subjektiven Darstellung nicht die Sache selbst zum Vorschein, sondern nur die Eigentümlichkeit des Verfassers. Es ist aber ein schlechtes Kunstwerk, wo nicht die Sache selbst, sondern hauptsächlich die Subjektivität des Künstlers hervorscheint. Wahrhafte Originalität ist, wenn der Künstler nur die Sache und nichts von seiner Partikularität vorstellig macht, so daß er bloß als passiver Durchgangspunkt erscheint, durch den der Inhalt sich darstellt. Die großen Künstler haben große Leichtigkeit in der Technik.

Drei Kunstformen

Bis hierher ist die allgemeinen Natur des Kunstwerks als ideale Schönheit betrachtet. Das Ideal ist bestimmt im Verhältnis der Idee zu ihrer Darstellung. Ist die Idee unvollkommen, so ist es auch die Gestalt. Die Idee muß in sich selbst wahrhafte Idee sein. Mit der Idee hängt die Darstellung zusammen, und dies Zusammenhängen können wir auch Formen des Ideals oder verschiedene Arten des Schönen nennen, wobei Art die unterschiedenen Bestimmungen der Idee und damit die unterschiedlichen Bestimmungen des Ideals selbst ausdrückt. Das Schöne entfaltet sich in drei allgemeinen Kunstformen, in der symbolischen, der 78

ihrer Realität, zu der Weise ihrer Darstellung. Wenn die Idee unvollkommen ist, so ist es auch die Gestalt, die Idee muß in sich selbst bestimmt sein, daß sie wahrhafte Idee ist, und dann kann man nicht sagen, daß sie eine Realität habe, die ihr nicht angemessen ist; aber von schlechten Kunstwerken, in denen dies nicht ausgedrückt sein kann, ist hier nicht die Rede. Mit dieser Idee hängt die Darstellung zusammen. Wir können das im ganzen Formen des Ideals oder verschiedene Arten des Schönen nennen, nicht Arten in dem Sinne, als ob eine äußerliche Besonderheit an die Gattungen hinzutrete, sondern die Art drückt hier die unterschiedenen und weiteren Bestimmungen der Idee und damit des Ideals selbst aus. [S. 111] Im Symbolischen ist die Gestalt willkürlich oder eine falsche Angemessenheit, weil die Idee noch unbestimmt ist; im Klassischen ist die Gestalt bestimmt, weil da die Idee eben bestimmt ist; im Klassischen ist sie als freies Subjekt bestimmt, aber noch nicht als reiner Geist, denn diese Bestimmtheit ist noch mit einer Abstraktion behaftet, sie ist noch nicht vollkommen geistig, und so ist es also dieser Idee angemessen, eine Äußerlichkeit zu haben. Der Idee ist es adäquat, äußerliche Gestaltung zu haben. Das Romantische ist der Geist in sich selbst, das freie Subjekt, das für sich frei ist; diesem ist die Gestaltung eine Gleichgültigkeit, denn die Idee als solche steht über ihrer Existenz oder Gestaltung. Diese drei Formen haben wir jetzt zu betrachten. [S. 111] Das Symbolische, um es kurz zu wiederholen, enthält das Aufstreben zu dieser Einheit, und zwar so modificirt, daß entweder das unmittelbar

klassischen und der romantischen Form. Im Symbolischen ist die Gestalt willkürlich, weil die Idee noch unbestimmt ist, aber das Symbolische enthält das Aufstreben zur Einheit. Entweder strebt das unmittelbar Angeschaute, die Wirklichkeit, zum Gedanken empor, oder der Gedanke sucht seine Realität in der Wirklichkeit. Das klassische Kunstwerk ist der in seiner Gestaltung vollkommene Gedanke. Aber der Gedanke ist nur in der Gestaltung geäußert, er hat nur in ihr seine Gegenständlichkeit und sein Bewußtsein, er ist nicht frei für sich. Die Seele und der Körper sind sich vollkommen adäquat. Die Gestalt ist schon als freies Subjekt, die Idee hat eine bestimmte äußerliche Gestaltung, aber ihre Bestimmtheit ist noch nicht vollkommen geistig. Bei der romantischen Kunst ist der Gedanke, die Seele in sich selbst zurück gebogen, ist in sich selbst vollständig und hat nicht bloß in der Gestaltung ihr Dasein. Das Romantische ist der Geist in sich selbst, das für sich freie Subjekt. Diesem ist die Gestaltung gleichgültig. Hier ist vollendete Innerlichkeit, die Gestaltung ist eine zufällige Äußerlichkeit. In der Entfaltung der drei Kunstformen ist das Schöne erst suchend, dann vollendet und schließlich über die Vollendung hinausgehend. Im Symbolischen hat der Stoff das Übergewicht, die Form ist nicht vollendet, im Klassischen ist die Vollendung von Stoff und Form, und im Romantischen geht der Gehalt über die Form hinaus. Das Symbol der

Angeschaute, die Wirklichkeit, zu dem Gedanken emporstrebt, oder der Gedanke, der Begriff seine Realität in der Wirklichkeit, Endlichkeit, sucht. Das classische Kunstwerk ist der in seiner Gestaltung vollkommene Gedanke. Aber der Gedanke ist hier nur geäußert in der Gestaltung, er hat darin nur seine Gegenständlichkeit, sein Bewußtseyn, er ist nicht frey für sich; die Seele und der Körper sind sich hier vollkommen adaequat. Bei der 3ten Form, der romantischen Kunst, ist der Gedanke, die Seele in sich selbst zurückgebogen, in sich selbst vollständig, hat nicht bloß in der Gestaltung ihr Daseyn; es ist hier die vollendete Innerlichkeit; dagegen ist die Gestaltung herabgesetzt zu einer zufälligen Äußerlichkeit. [S. 110/02]
Das Schöne ist erst suchend, vollendet und über die Vollendung hinausgehend. [S. 118/30]

Die symbolische Kunstform. Sie fällt vornehmlich nach dem Morgenlande, und es sind zweierlei Seiten zu unterscheiden, erstens die symbolische Form in freier Eigentümlichkeit, so daß das Symbol als solches Gegenstand ist, zweitens, daß das Symbol zu einer Form herabgesetzt ist; so kommt es auch im Klassischen und Romantischen vor, so wie Klassisches im Ganzen auch im Symbolischen vorkommen kann, wie auch Romantisches, und die abstrakte, erste Seite tritt herunter am Konkreten zu einer Seite, zu einem einzelnen Zuge, (das Symbolische erhält sich nur) in einigen Nebengebilden, macht nicht das Wesen aus. [S. 69]

79 Der Mensch – sich zur Natur verhaltend – hat sie nicht nur als Äußerliches, sondern erahnet

symbolischen Kunstform ist zu unterscheiden vom Symbol, das eine bloße Form ist. Als herabgesetzte Form kommt es auch im Klassischen und Romantischen vor, so wie Klassisches wie auch Romantisches im Symbolischen vorkommen kann.

Die symbolische Kunstform

Kunst, Religion und Wissenschaft fingen mit der Verwunderung an, sagt Aristoteles. Der Mensch verhält sich zur Natur und hat sie nicht nur als Äußerliches, sondern er erahnt sich die Vernunft in den Naturgegenständen. Er ist einerseits abgestoßen, andererseits hingezogen, und die Ahnung eines Höheren und das Bewußtsein eines Äußerlichen sind in diesem Verhältnis zur unmittelbaren Natur noch nicht geschieden. Die erste Religion ehrt nur die Naturkörper. Das Symbolische rückt seinem Ziele näher, wenn die Verhältnisse der Naturerscheinungen zu einander, der Prozeß des Seienden, des Lebendigen oder des Geistigen aufgefasst und symbolisch dargestellt werden. Das Werden und Vergehen oder das Licht oder die Sonne oder die Gestirne machen hier Gott aus, aber: können wir solche Anschauung Kunst nennen? Sind die Gebete und Anrufungen poetische Werke? Ist diese Versinnlichung des Geistigen schon Kunst? Das allgemeine Wesen kann zwar einen Namen haben, aber es ist bloß Macht und unmittelbar vorhanden, es ist noch nicht losgerissen 79

sich die Vernunft, das Allgemeine, den Gedanken in den Naturgegenständen; er ist einerseits abgestoßen, andererseits hingezogen, und beides, die Ahnung eines Höheren und das Bewußtsein eines Äußerlichen, ist noch nicht geschieden. Die Prosa der Geschiedenheit ist erst ein Späteres. Zunächst ist die unmittelbare Natur das, worin der Mensch das Bedürfnis des Geistes ahnet und die Befriedigung sucht. [S. 125/11]
Das erste Produkt ist eine Religion, die nur eine Verehrung der Naturkörper als solcher ist, noch keine symbolische. [S. 125/20]
Das Symbolische rückt näher seinem Ziele, indem die Verhältniße der Naturerscheinungen zu einander, ihr Prozeß, der Prozeß des Seyenden, Lebendigen, oder des Geistigen, aufgefaßt und symbolisch dargestellt werden. Dieser Fortschritt muß nothwendig vorkommen in dem Fortschreiten der Nationen; nicht die unmittelbare, sondern die immanente Dialectik muß zur wesentlichen Bedeutung gemacht werden. [S. 115/17]
Können wir solche Anschauung Kunst nennen? Die Gebete, Anrufungen – sind es poetische Werke? Ist diese Versinnlichung des Geistigen schon Kunst? Im allgemeinen können wir sagen, es sind große Vorstellungen, die, im allgemeinen zu sagen, erhabene Vorstellungsweise. [S. 76]
Um näher zu wissen, was hierher gehört, haben wir uns des Ziels der Kunst zu erinnern. Ihr Inhalt ist ein geistiger, er ist das Substantielle, das äußerlich erscheint und nicht in unmittelbarer Naturgestalt gegeben, sondern ein vom Geist Produziertes ist. Dies war die Hauptbestimmung der Kunst. [S. 123/29]

von den Naturdingen. Es sind große Vorstellungen, es ist eine erhabene Vorstellungsweise, aber das allgemeine Wesen ist noch nicht bestimmt. Erst wenn dies geschieht, kann Kunst werden, denn ihr Inhalt ist geistig und vom Geist Produziertes, nicht in unmittelbarer Naturgestalt gegeben. Die symbolische Kunst ist aufs religiöse Feld angewiesen und kann so auch heilige Kunst genannt werden.

In der ägyptischen Kunst sind besonders der Nil und der Sonnenstand und die Jahreszeiten und die Lebensalter symbolisch gegeben. Ganze Kosmogonien und Theogonien stehen uns gegenüber. Die symbolische Gestalt wird zwar vom Geist erfunden, aber unvollkommen, denn es werden noch Attribute des Natur-Dings, des Unmittelbaren gebraucht, beispielsweise sind der Hauptschmuck der Ceres Kornähren. Das Symbol ist also zunächst etwas unmittelbar Gegebenes, das aber nicht nach dieser Unmittelbarkeit, sondern nach einer Bedeutung betrachtet werden soll, wobei die Gestalt eigentlich gleichgültig ist. Ein Gedanke kann mehrere Gestaltungen haben, so wie eine Gestaltung auch mehrere Bedeutungen haben kann. Deshalb sind Symbole oft dunkel und zweideutig. Forschung ist notwendig, um die Symbole der Kunst zu entziffern, aber die Alten dachten sich bei ihren Bildern nicht, was die Späteren darin sehen. Das Symbol ist ein Zeichen mit einer Bedeutung und einer Darstellung. Das 80

80 Was ist Symbol überhaupt: es ist eine Existenz, die unmittelbar gegeben ist, aber nicht nach dieser Unmittelbarkeit betrachtet werden soll, sondern nach der Bedeutung, wobei das der Gestalt eigentlich gleichgültig ist. [S. 112]
Ich nenne das Symbolische ganz allgemein eine selbständige äußerliche Gestaltung, die aber nach ihrer Bedeutung genommen wird; so daß also auch der Gedanke gleichgültig gegen die Gestaltung seyn kann; ein Gedanke kann mehrere Gestaltungen haben, so wie eine Gestaltung auch mehrere Bedeutungen haben kann. [S. 110/23]
Deshalb ist das Symbol auch oft dunkel und zweideutig. [S. 111/01]
Sehen wir ein Dreieck vor einer Kirche, so sehen wir ebenso, daß es hier nicht als Dreieck gilt, sondern als Symbol. [S. 120/18]

81 Die menschliche Gestalt ist die Wahrhafte für das Geistige, insofern es durch die Kunst dargestellt werden soll. [S. 89]
Die Ägypter sind schon zur menschlichen Gestalt gekommen (wenn das Geistige auf die sinnliche Weise existiert, so kann das nur in menschlicher Gestalt vorgestellt werden, denn diese ist die wahrhafte Gestalt des Geistigen), aber zum Teil vermischt noch zum Tierischen: die menschliche Gestalt, die sich erst heraustreibt aus dem Tierischen. [S. 127]
Eine Sphinx besteht aus einem Löwenleib mit einem Frauenkopf. Aus dem dumpfen Tierischen ringt sich das Geistige hervor; man erkennt einen Drang aus dem Tierischen heraus zum Geistigen, das nicht zur freien Existenz für sich selbst gewor-

Dreieck beispielsweise kann die Dreieinigkeit darstellen – oder auch nicht, wie etwa in der Geometrie. Ein Dreieck in einer Kirche gilt nicht als Dreieck, sondern als Symbol. Das Symbolische ist in der Mythologie und in der Religion zu Hause.

Das Geistige, insofern es durch die Kunst dargestellt und auf sinnliche Weise existieren soll, kann nur in der menschlichen Gestalt vorgestellt werden, denn diese ist die wahrhafte Gestalt des Geistigen. Die Ägypter sind schon zur menschlichen Gestalt gekommen, aber es ist eine menschliche Gestalt, die sich erst aus dem Tierischen heraustreibt. Eine Sphinx besteht aus einem Löwenleib mit einem Frauenkopf, aus dem Tierischen ringt sich das Geistige hervor. Man erkennt einen Drang aus dem Tierischen heraus zum Geistigen, das aber noch nicht zur freien Existenz für sich selbst geworden, sondern noch im Ringen beschäftigt ist. Diese Mythe ist der Übergang zum Sich-Klaren, zum Geiste als Freiheit. 81

Ein Menschenkörper mit einer Tiermaske ist etwas Symbolisches und deutet auf etwas anderes. Es ist ein Rätsel, das gelöst werden soll, und die Sphinx gab dies Rätsel auf: was geht morgens auf vier Beinen, mittags auf zweien, abends auf dreien. Der Grieche, von Apoll getrieben, hat ausgesprochen, daß die absolute Bedeutung dieses Rätsels der Mensch sei, nicht die Sphinx. Er vernichtete durch sein Aussprechen die Herrschaft des Symbo- 82

den ist, sondern nur in dem Ringen beschäftigt ist. [S. 88]
Wenn ein Menschenkörper mit einer Tiermaske steht, so ist das was Symbolisches, das stellt sich nicht selbst vor, sondern deutet auf etwas anderes. Die Sphinx also ist ein Rätsel, eine Aufgabe, die gelöst werden soll, wo die Bestimmungen gegeben sind, aber so, daß das Innere noch nicht aus ihm selbst heraus ist und das Äußere nichts für sich gilt. [S. 127]
Diese Mythe ist das höchste Symbol und macht den Übergang zum Sich-Klaren, zum Geiste als Freiheit. [S. 140/01]

---

82 Der Grieche, von Apoll getrieben, hat ausgesprochen, daß die absolute Bedeutung der Sphynx, dieses Räthsels, der Mensch sey, nicht die Sphynx selbst. Er stürzte die Sphynx ins Meer, d. h. er vernichtete durch seinen Ausspruch die Herrschaft des Symbolischen, und setzte dafür die Freiheit des selbstständigen Geistes fest. Daß diese bei den Egyptern nicht war, sehen wir aus der Inschrift des verschleierten Bildes zu Sais, die so lautet: »Ich bin, was da ist, war, seyn wird; keiner wird meinen Schleier heben!« dies war der Ausdruck des Symbolischen bei den Egyptern; der freie Grieche, der Mensch, löste das Räthsel, hob den Schleier; daher finden wir als Gegensatz obiger Inschrift die auf dem Tempel zu Delphi: »Erkenne dich selbst!«. [S. 121/02]
Die Griechen haben das ägyptische Rätsel gelöst, daß das Innere, Menschliche, das Geistige ist, das, was an und für sich die Bedeutung ist und allein sich selbst bedeutet. Mensch erkenne dich selbst;

lischen und setzte dafür die Freiheit des selbstständigen Geistes fest. Das Symbolischen bei den Ägyptern lesen wir aus der Inschrift des verschleierten Bildes zu Sais: »Ich bin, was da ist, war, sein wird; keiner wird meinen Schleier heben!« Der freie Grieche, der Mensch, löste das Rätsel, hob den Schleier und als Gegensatz zu obiger Inschrift lautet jene auf dem Tempel zu Delphi: »Erkenne dich selbst!« Die Griechen haben ausgesprochen, gewußt und dargestellt, daß der sich selbst wissende Geist das ist, was allein sich selbst bedeutet.

Die ägyptische Kunst hat das Geistige zum Teil gefunden und ein zweites, selbständiges Reich, die Unterwelt, das Reich der Toten geschaffen. Das steht an einer Schwelle und ist ein Übergang, weil der Mensch verehrt oder mindestens für verehrungswürdig gehalten wird – und sei es auch nach seinem Tod. 83

In der symbolischen Kunstform wandelt sich das Verhältnis von Bedeutung und Gestalt: zunächst ist die unmittelbare Einheit von Bedeutung und Gestalt in der Naturgestalt vorhanden, dann tritt das eigentliche Symbol auf, wo das Innere sich zwar als Unabhängiges konstituiert, sich aber noch nicht idealisiert in der Gestaltung zeigt. Wo dann das Geistige hervortritt und in menschlicher Gestalt dargestellt wird, fängt das Symbol an, zu verschwinden, zuletzt werden dann Bedeutung und Gestaltung zerfällt und gegeneinander selbständig, und das eigentliche Sym- 84

nicht der Mensch in seiner Partikularität, sondern den Geist zu erkennen. [S. 88]
Die Griechen haben den Schleier aufgehoben und ausgesprochen, gewußt und dargestellt, was das Innere ist: der sich selbst wissende Geist. [S. 88]

83 Herodot sagt, sie seien die ersten gewesen, welche gelehrt haben, daß die Seele des Menschen unsterblich sei. [S. 85]

84 Wo das Geistige hervortritt, dargestellt wird in menschlicher Gestalt, fängt das Symbol an zu verschwinden, denn das Geistige bedeutet sich selbst. [S. 87]
Das Verhältnis der Bedeutung zur Gestalt ist betrachtet worden: zunächst in der unmittelbaren Einheit, dann in diesem Gären; dann als das eigentliche Symbol, wo da innere sich als unabhängig konstituiert, sich in der Gestaltung zeigt auf gewaltsame Weise, sie noch nicht idealisiert hat, noch nicht Herr und Meister ist; dann als Selbständigkeit der Bedeutung und der Gestaltung. [S. 112]
In diesem dritten haben wir das Verschwinden des eigentlichen Symbols. [S. 115]
Da sie aber beide unabhängig voneinander sind, so kann von jeder derselben angefangen werden. Es kann die natürliche, unmittelbare Seite zuerst genommen werden, und die Bedeutung dazu kommen; oder umgekehrt, die Bedeutung kann zuerst genommen werden, wo dann die Darstellung bloß als ein gebrauchtes, Zufälliges, herbeigezogen wird. [S. 124/01]

bol ist dann verschwunden. Die Kunst kann bei ihrer Gestaltung die natürliche, unmittelbare Seite zuerst nehmen und die Bedeutung dazu legen, oder umgekehrt, die Bedeutung kann zuerst genommen werden und dann die Darstellung als bloß zufällig Gebrauchtes herbeigezogen werden. Diese Möglichkeiten zeigen die Äsopische Fabel, das Märchen, das Rätsel, die Parabel, der Apolog, die Allegorie, die Metapher, die Vergleichung, das Lehrgedicht und das beschreibende Gedicht.

Der Zerfall von Bedeutung und Gestalt, ihr wechselseitiges Abscheiden, ihre Verselbständigung gegeneinander geht beständig und fortdauernd vor sich und erbringt viel für die Weisen der Kunst. Liegt beispielsweise das Bedeutende gestaltlos im Prosaischen des Verstandes vor und wird diesem Inhalt eine poetische Form gegeben, so entsteht ein Lehrgedicht. Dies ist kein wahrhaftes Kunstwerk, denn seinem wahrhaften Inhalt, seiner Grundlage nach, ist das Lehrgedicht prosaisch. Das beschreibende Gedicht ist das Gegenteil. Es nimmt den natürliche Stoff auf, handelt z. B. von den Jahreszeiten, Tageszeiten. Dabei ist aber nicht die geistige Individualität die Hauptsache, sondern das Dasein natürlicher Gegenstände. Ein weiteres ist die äußerliche Beziehung von Individualität und Naturgegenstand, die Naturschilderung, bei der gesagt wird, was man empfunden habe. Die Natur ist für sich, und ich habe eine Empfindung dabei, dies ist bei den 85

85 Als Anhang betrachten wir das volle Zerfallen der Bedeutung als solcher, so daß erstens die Bedeutung für sich selbst gestaltet ihre eigentliche Gestalt nur formell erreicht, und daß zweitens die Äußerlichkeit, die nur dienen soll dem Inneren der Bedeutung, ebenso für sich isoliert genommen wird. [S. 112]
Wenn wir die nähere Form dieser Beziehung angeben, so ist das erstens ein Bedeutendes ohne eigentliche Gestalt; das ist das Prosaische des Verstandes. Wird ihm eine poetische Form gegeben, so ist es das Lehrgedicht. Bedeutungsvoller Inhalt, aber ohne Gestaltung; die Verse, das Klingende des Tones ist gestaltet, Schmuck von Bildern, Episoden, Geschichtliches, aber die Grundlage ist prosaisch. Deswegen ist dies kein wahrhaftes Kunstwerk. Dem wahrhaften Inhalt nach ist das Lehrgedicht prosaisch. [S. 112]
Die zweite Form, das beschreibende Gedicht ist das Gegenteil: daß der natürliche Stoff aufgenommen wird, die Gestaltungen überhaupt beschrieben werden, die Naturgestalten geschildert werden. Es handelt z. B. von den Jahreszeiten, Tageszeiten; da ist nicht geistige Individualität die Hauptsache, sondern Dasein natürlicher Gegenstände. [S. 113]
Das dritte ist äußerliche Beziehung beider: die Naturschilderung, wobei gesagt wird, was man dabeiempfunden habe. Die Empfindung für sich bei Veranlassung dieser Gegenstände wird hier geschildert. Der allgemeine Ton der Situation der Natur kann einen Einklang haben mit der Empfindung, es ist nicht ein Auslegen der Natur, sondern ist für sich, ich habe diese oder jene Empfindung.

Deutschen die geläufigste Manier für die Gedichte. Die Naturschilderung und was mir dabei eingefallen ist, das ist der Heerstraßenweg. Ein sehr reiches Feld. Bei der Allegorie ist das Subjekt keine wahrhafte Individualität für sich, sondern bloß eine allgemeine Vorstellung, z. B. Religion, Fama, Krieg etc. Dies wird auch durch Attribute ausgedrückt, die oft noch eine symbolische Grundlage haben, wie z. B. die Augenbinde bei der Figur der Gerechtigkeit. Die Allegorie ist besonders in der romantischen Epoche verbreitet, obgleich sie selbst nichts Romantisches ist.

In der Abscheidung von Gestalt und Bedeutung liegt die wechselseitige und jeweilige Selbständigkeit, liegt eine Befreiung. Die absolute Bedeutung, im Unterschied zu allen anderen, relativen Bedeutungen, kommt aber nur dem Selbstbewußtsein, dem Denken selbst zu, das als ein Inneres von der äußeren Selbständigkeit verschieden ist. Aber das Denken, das absolut Bedeutende, das an und für sich allgemein ist, ist erst wahrhaft konkret, wenn es zu wahrhafter Individualität fortgeht. Dann ist es als Geist da. Es verdoppelt sich, macht sich zum Gegenstande, weiß sich, wird sich selbst äußerlich bis zur Äußerlichkeit der Natur, und hat so also eine leibliche Weise, die aber doch nur Zeichen seiner Innerlichkeit ist. Im Symbolischen sind die Seele und die Gestaltung noch nicht zur Einigkeit gediehen, die vollkommene Vereinigung der Seele und des Leibes ist das Ideal. Die menschliche Figur und das menschliche Handeln treten in den Kreis der Kunst. 86

Ein sehr reiches Feld; bei den Deutschen ist dies die allergeläufigste Manier, Gedichte zu machen. [S. 113]

Die Natur ist für sich, und ich habe eine Empfindung dabei – dies ist bei den Deutschen die geläufigste Manier für die Gedichte. Die Naturschilderung und was mir dabei eingefallen ist, das ist der Heerstraßenweg. Gestalt und Empfindung fallen auseinander, sind zweierlei. [S. 144]

Die Allegorie gehört also deshalb mehr der neuern, romantischen Epoche an, (obgleich sie selbst nichts Romantisches ist) weil das Anschauen der besondern wirklichen Individualität in der modernen Epoche die Hauptsache ist, und das Göttliche in dieser individuellen Wirklichkeit aufgefaßt wird als bestimmt Geistiges, nicht als Ideelles. [S. 130/23]

Das Subject ist da keine wahrhafte Individualität für sich, sondern bloß eine allgemeine Vorstellung, z. B. Religion, Fama, Krieg etc. Dies sind allgemeine Vorstellungen, die ausgedrückt werden durch unmittelbare Vorstellungen, auch durch Attribute, die oft noch dazu eine symbolische Grundlage haben, z. B. die Binde der Gerechtigkeit. [S. 130/07]

---

86 In der Vergleichung ist nun das endliche Feld der Bedeutung und Darstellung beendigt; denn hier haben beide Seiten die Bestimmung erhalten, selbständig zu seyn, und darin liegt zugleich die Befreiung und Entfernung von diesem unmittelbaren Gegenstande. Diese erwähnte Selbständigkeit kann aber jedem besonderen Inhalte, welcher

Die klassische Kunstform ist die vollendete, Inhalt und Form sind adäquat, das Allgemeine und seine Besonderung entsprechen sich. 87

Die Griechen haben gegenüber allen Naturgebilden nur das formelle Interesse, an ihnen etwas zu enthüllen und das Natürliche zur Form eines geistigen Inhalts herauf zu bilden. Die Skulptur ist der Mittelpunkt der griechischen Kunst und der Übergang vom Formlosen zum Geformten. Das Prinzip des Geistigen als Einheit der Realität und der Idee ist das Prinzip der griechischen Kunst. Damit nun das Geistige existiere, muß die Natürlichkeit nur den Geist darstellen, seine Form sein. Nur in der menschlichen Gestalt kann die Gestalt dieser Vereinigung von Inhalt und Form sein. Die menschliche Gestalt als solche ist zwar tierische Gestalt, aber in ihr wohnt ein Geist, und so zeigt diese Gestalt zugleich das Geistige selbst. Die sinnliche Gestalt des Menschen ist die einzig notwendige und mögliche und allein diejenige, in welcher der Geist zu erscheinen vermag. Nur in ihr stellt sich das Geistige dar. In der menschlichen Gestalt als einer Weise des Sinnlichen des Geistes ist der Leib kein Symbol mehr, er drückt kein anderes aus, bedeutet kein Fremdes, sondern seine Bedeutung erscheint auf der Oberfläche selbst. Die menschliche Gestalt ist nicht nur lebendig wie das Tier, sondern sie ist der Spiegel des Geistes. Sie ist zwar körperlich, materiell und inso- 88

die Bedeutung ausmacht, zukommen; die absolute Bedeutung ist aber das Selbstbewußtseyn, das Denken selbst; alles andere ist bloß relativ, momentan selbständig für die Anschauung. Z. B. Sonne, Mond, Sterne und andere Naturerscheinungen haben nicht diese absolute Selbständigkeit der Bedeutung, die als ein Inneres von der äußern Selbständigkeit verschieden ist. Das Denken also, das an und für sich allgemein ist, ist das absolut Bedeutende. So ist es aber in abstracter Form nur da; es muß also fortgehen zu wahrhafter Individualität, und dann ist es als Geist da, dann erst wahrhaft concret, verdoppelt sich, macht sich zum Gegenstande, weiß sich, wird sich selbst äußerlich bis zur Äußerlichkeit der Natur, und hat so also eine leibliche Weise, die aber doch nur Zeichen seiner Innerlichkeit ist. [S. 138/09]

Im Symbolischen ist die Seele und die Gestaltung noch nicht zur vollkommenen Einigkeit gediehen; die vollkommene Vereinigung der Seele und des Leibes ist eben das Ideal. [S. 115]

• • •

88 Alle Naturerscheinungen haben bei den Griechen nur das ganz formelle Interesse gehabt, daß dadurch etwas enthüllt werde. So ist also bei ihnen das Hauptmoment das Heraufbilden des Natürlichen zur Form eines geistigen Inhalts, und das Aufzeigen dieses Heraufbildens macht das Hauptinteresse der griechischen Kunstgeschichte aus. So habe ich die Skulptur gezeigt als den Uebergang vom Formlosen zu dem Geformten, einen geistigen Inhalt habend, und somit kann man die Skulptur als den Mittelpunkt der griechischen

fern vom Geist unterschieden, aber der Geist kann nur in ihr erscheinen.

Das griechische Volk hat die Kunst in ihrer größten Vollkommenheit hervorgebracht. In der romantischen Kunst wird auf eine höhere Form hingedeutet als auf die Kunst selbst, denn sie fordert, daß das Anthropomorphe, das Menschliche als einzelner wirklich lebendiger Mensch für sich selbständig sei. Die griechische Kunst ist nicht anthropomorph genug. Sie vereinigt die menschliche und göttliche Natur. Das griechische Volk hat im Charakter seiner Götter seinen eigentümlichen Geist zum Bewußtsein gebracht. Er ist freie Geistigkeit, Individualität, Sittlichkeit. Die Freiheit ist noch nicht in den späteren Gegensatz von einer allgemeinen politischen und einer individuellen bürgerlichen Freiheit auseinander getreten, sondern das Politische ist mit der persönlichen Individualität identisch. Und der Geist hat sich noch nicht vom Weltlichen zurückgezogen, wie beim Christentum, wo das wesentliche Bewußtsein in der höheren intellektuellen Welt ist. Es ist die Mitte von der Einheit und dem unmittelbaren Freiwerden. Die Kunst ist hier das höchste Bedürfnis, die höchste Weise des Bewußtseins gewesen, aber in dieser Einheit behaftet mit der natürlichen Individualität. Der Gott ist das Ideal. 89

Die Götter sind Werke der Künstler. Die Griechen haben die vorherigen ägyptischen und sonstigen Götter aufgenommen und 90

Kunst angeben. Das Prinzip des Geistigen macht also das Prinzip der griechischen Kunst aus, und zwar das Geistige als Einheit der Realität und der Idee. Damit nun das Geistige existire, dazu gehört, daß die Natürlichkeit nur durch den Geist bestehe, also an sich seyend sich ganz negirt habe. Der Geist hat also seine äußere Natürlichkeit und seine eigene negirt, sich unterworfen; so daß sie nicht mehr selbstständig ist, sondern nur den Geist darstellt, seine Form ist. [S. 150/20]
Die menschliche Gestalt als solche ist tierische Gestalt, aber eine Gestalt, in der ein Geist wohnt, und damit ist das, was diese Gestalt zeigt, das Geistige selbst zugleich. Die Gestalt stellt nicht noch etwas anderes vor, wie es im Symbolischen der Fall ist. In der menschlichen Gestalt erscheint unmittelbar das Geistige; das ist die wahrhafte Durchdringung des Geistigen durch das Natürliche. [S. 146]
Die sinnliche Gestalt des Menschen ist allein die, in welcher der Geist zu erscheinen vermag. [S. 157/14]
Die menschliche Gestalt ist die einzig notwendige und mögliche. Nur in ihr stellt sich das Geistige dar. Denn in der menschlichen Gestalt als in einer Weise des Sinnlichen des Geistes, ist der Leib kein Symbol mehr, er drückt kein anderes aus, bedeutet kein Fremdes, sondern seine Bedeutung erscheint auf der Oberfläche selbst. [S. 158/04]

---

89 Das griechische Volk hat die Kunst in ihrer größten Vollkommenheit hervorgebracht; in der romantischen Kunst wird auf eine höhere Form

fortgebildet. Wenden, umbilden, aufbauen, das sind Weisen des Hervorbringens und auch des Voranbringens. Das Alte verschwindet nicht vollständig bei der Umwandlung in die neue Kunst und in die neue Religion, es bleibt erhalten als ferner Grund, der sich immer auch mit fortschreibt. Die Vorhergehenden haben das Lebendige im Tierischen verehrt, die Griechen haben einen geringeren Respekt vor dem Tierischen, sie haben kein Speisetabu, sie jagen, sie essen die Opfertiere und setzen die Verwandlung in ein Tier sogar als Strafe für Verbrechen, wie bei Ovid, wo einer wegen einer ungeheuerlichen Tat aufhört, ein Mensch zu sein und ein Tier wird. Und auch die Götter verwandeln sich in Tiere, wie Zeus in einen Stier oder Schwan, um üble Zwecke zu verfolgen. Bei den Ägyptern werden umgekehrt die Götter zu Tieren erhoben und belebt.

Diese Zurücksetzung des Naturelements haben wir in der Mythologie. Die klassische Schönheit manifestiert sich in einer eigentümlichen Gestalt, nämlich als die Besiegung der alten Götter und das Eintreten der Herrschaft der neuen, geistigen Götter. In den alten Göttern wurden Natur- und Elementarmächte, der Himmel, die Zeit, der allgemeine Prozeß des Entstehens und Vergehens, Sonne, Erde verehrt: Uranos, Kronos, Okeanos, Helios, Gäa. Die Titanen haben keinen geistigen und sittlichen Inhalt, Kronos habe seine Kinder verschlungen, so daß die Zeit das Erzeugte vernichtet. Die neuen Götter sind keine Naturwe- 91

hingedeutet als auf die Kunst selbst. Die griechische Kunst hat den Mangel, daß sie nicht anthropomorphistisch genug ist. Die höhere Religion fordert eine Vereinigung des abstrakten Gegensatzes, daß das Anthropomorphe für sich selbständig sei, als der einzelne wirklich lebendige Mensch. [S. 146]

Das griechische Volk hat in seinen Göttern seinen eigentümlichen Geist zum Bewußtsein gebracht, der griechische Geist entspricht eben dem Charakter des griechischen Gottes. Er ist freie Geistigkeit, Individualität; diese ist Sittlichkeit, diese substantielle Freiheit ist noch nicht in den späteren Gegensatz auseinandergetreten von einer späteren allgemeinen politischen und einer individuellen bürgerlichen Freiheit, sondern das Politische, Freiheit nach ihrer Allgemeinheit, ist mit der persönlichen Individualität identisch, und ebenso hat der Geist sich vom Weltlichen noch nicht zurückgezogen in diese reine intellektuelle Welt wie beim Christenthum, wo das wesentliche Bewußtsein in der höheren intellektuellen Welt ist. Es ist die Mitte von der Einheit und dem unmittelbaren Freiwerden, von dem wir ausgegangen sind. Die Kunst ist hier das höchste Bedürfnis, die höchste Weise des Bewußtseins gewesen, aber in dieser Einheit behaftet mit der natürlichen Individualität. [S. 147]

Der Gott ist das Ideal. [S. 147]

90 Die Götter sind Werke der Künstler, Dichter, Propheten, Skulpturwerke und dergleichen. [S. 123]

sen, sondern ganz anderer Art: es sind Individuen, in denen ein geistiges Moment hervorsticht. Athene ist Göttin der schönen Kunst, andrerseits der Geist Athens. Sie ist also ein Geistiges und hat nur noch auch den entfernten Anklang einer Naturmacht. Apoll ist einerseits zwar die Sonne, aber er ist die Macht des Wissens und das Aussprechen dieses Wissens. Das Wissen, der intelligente Geist ist die Hauptbestimmung, und die Sonne, das Natürliche tritt zurück. Das alte Göttergeschlecht bleibt als Anklang erhalten, aber die Titanen sind an den Saum der Welt in die Dämmerung gesandt. Die neuern Götter sind geistige Götter, ihr Wesen ist die Geistigkeit. In der klassischen Kunst ist der Gott besondere Naturmacht, der Gott steht noch nicht über der Natur, er hat sie noch als Moment in sich. Die Natur ist nicht als Erzeugtes gesetzt, erst für die christliche Vorstellung ist Gott Herr der Natur und des Geistes.

Bei der Schönheit soll erstens das Göttliche vorherrschen und das Natürliche das Wesen des Göttlichen nicht als Hauptmacht in sich haben, zweitens soll das Schöne in seiner Darstellung ein allgemein Menschliches sein, ein Tun, eine Tätigkeit, und drittens soll das Schöne auch als Individualität erscheinen. Die Gestalt der geistigen Individualität ist die menschliche Gestalt als idealische, nicht als natürliche. Das Ideal in seiner einfachsten, erhabensten Form ist das Bei-sich-Seiende, Bewegungslose 92

Es ist notwendig, daß die früheren Standpunkte da waren, daß von ihnen die klassische Kunst ausging, sie umbildete und gegen sie reagierte. [S. 160/21]
Diesen Respekt vor dem Tierischen herabzusetzen, dies geschieht durch das Selbstbewußtsein des Geistigen. [S. 161/17]

91 Diese Zurücksetzung des Naturelements haben wir in der Mythologie. Die klassische Schönheit manifestiert sich in einer eigentümlichen Gestalt, nämlich als die Besiegung der alten Götter und das Eintreten der Herrschaft der neuen. [S. 148]
Wenn wir die alten Götter betrachten, so werden diese die Naturmächte, Mächte im allgemeinen sein, die indischer und ägyptischer Anschauung zugrunde liegen; die neuen Götter sind geistige Götter. Diese Folge sehen wir ganz ausdrücklich erzählt z. B. in allen diesen theogonischen und kosmogonischen Vorstellungen bei Hesiod; da ist die Nacht, Uranus, Kronos, Okeanos, Helios, und dann erst die Gäa (Erde); der Himmel, die Erde, die Zeit sind solche Natur- und Elementarmächte, mit denen angefangen wird. Was Titanen überhaupt genannt wird, diese haben keinen geistigen und sittlichen Inhalt, so daß der Vater des Jupiter seine Kinder verschlungen habe, so daß die Zeit nur das Erzeugte vernichtet. [S. 149]
Die neuen Götter sind keine solchen Naturwesen, sondern ganz anderer Art; es sind Individuen, in denen ein geistiges Moment das Hervorstechende ist. Athene ist Göttin der Kunst, der schönen Kunst; andrerseits der Geist Athens, der

ohne Äußerlichkeit und Zufälligkeit, das einfache Beruhen auf sich. Das Ideal ist in sich versunken. Der Grundzug der Darstellung ist nicht starre Ruhe, sondern geistige, sinnende. Solche Gestaltungen stellen die Ruhe des Geistigen in seinem Dasein, eine unendliche Hoheit, eine freie Sicherheit in sich selbst dar. Diese ewige Ruhe ist die höchste Weise des klassischen Ideals. Sie thront auf der Stirn der Götter, die Erhabenheit ist in die Schönheit verschmolzen, wodurch sie selbst in ihrer Leiblichkeit über die Äußerlichkeit erhaben sind. Es ist eine Heiterkeit, die zugleich ein Zug der Trauer zu sein scheint, worin ebenso unendliche Seligkeit und Heiterkeit der Götter schläft. Die Skulptur kann nicht Zufriedenheit, Freude, Hoffnung, überhaupt ein Gefühl unsers Daseins, das mehr oder weniger zufällig ist, ausdrücken, sondern in der Skulptur wird der Widerspruch der Heiterkeit und Ruhe mit der Sinnlichkeit ausgedrückt. Die spätere Skulptur wird dann auch dramatisch, die Äußerlichkeit und Endlichkeit tritt ein.

93 In der klassischen Kunst ist der Polytheismus wesentlich. Da die Einheit des Geistigen und Natürlichen zugleich in unmittelbar sinnlicher Weise ist, kann nicht allgemeine Göttlichkeit dargestellt werden, sondern die Gottesgestalt muß eine besondere Göttergestalt werden. Nur der Eine Gott verträgt keine anderen Formen neben sich.

Volksgeist als das Substantielle dieses Geistes für sich vorgestellt. Athene ist also ein Geistiges und hat nur einen entfernten Anklang einer Naturmacht. Apoll ist aber so einerseits zwar die Sonne, diese ist in ihm enthalten, aber er ist die Macht des Wissens und das Aussprechen dieses Wissens. Hier ist das Wissen, der intelligente Geist, die Hauptbestimmung und die Sonne, das Natürliche tritt zurück. [S. 166/02]
Die neuern Götter sind geistige Götter, ihr Wesen ist die Geistigkeit. [S. 151/16]
In der klassischen Kunst ist der Gott besondere Naturmacht; andrerseits gehört zu dieser Besonderheit, daß der Gott noch nicht über der Natur stehe, sie noch als Moment in sich habe. [S. 164/31]

92 Um nun die positiven Momente der Schönheit gleich anfangs zu nehmen, so gehört dazu 1) daß, da das Göttliche das Vorzügliche Vorherrschende seyn soll, das Naturelement auch das Wesen dieses Göttlichen in sich habe, aber doch so, daß dieses Naturelement nicht die Hauptmacht, nicht die Grundlage sey. 2tens gehört dazu, daß das Schöne in seiner Darstellung ein Menschliches sey, aber nicht ein einzelnes, sondern ein allgemein menschliches, ein Thun, eine Thätigkeit, und daß es 3tens auch als Individualität erscheine, wodurch wieder die Endlichkeit hinzutritt. [S. 147/07]
Die Gestalt der geistigen Individualität ist nun die menschliche Gestalt als idealische, nicht als natürliche. [S. 169/30]
Das Ideal in seiner einfachsten, erhabendsten Form ist das Bei-sich-Seiende, Bewegungslose

Die Einzelheiten der Götter bilden sich aus den alten Symbolen, aus Lokalfarben und durch die Phantasie des Dichters, der besondere Begebenheiten der unmittelbaren Wirklichkeit als durch Götter bewirkte auslegt. In diesem Vorgang wird das Symbolische herangezogen und umgearbeitet, um die Individualität des einzelnen Gottes, die besondere Göttergestalt zu bestimmen. Das Symbol ist nicht mehr unbestimmt und Auszulegendes, es wird positive Bestimmung auf ein Konkretes hin. Das Symbolische wird zu Handlungen umgearbeitet, enthält also Subjektivität, wie z. B. bei Herakles, der zwölf Arbeiten verrichten muss. Das Symbolische, die Zwölf, bezieht sich auf den Sonnenlauf und auf seine Reisen, seine Subjektivität erhält er durch seine Taten. Auch bei Zeus, dem Dauerzeuger, ist das Symbolische, das Prinzip der Zeugung in eine Begebenheit, zu Taten eines Individuums umgearbeitet. Die allgemeine Kunstausbildung geht von der Stille des Ideals in die Mannigfaltigkeit seiner Erscheinung, in die Detaillierung des Geschehens und des Handelns, das immer menschlicher wird. Die Kunst geht im Inhalt in die Vereinzelung, in der Form ins Angenehme. Das Angenehme ist die Ausbildung des Äußerlichen an allen Punkten für den Zuschauer, die Kunst geht in diese Beziehung nach außen über und so ins Gefallen. Dadurch findet sich das Subjekt, wie es ist, im Kunstgebilde. 94

ohne Äußerlichkeit und Zufälligkeit. Die höchste Form also ist das einfache Beruhen auf sich, und der höchste Ausdruck gehört so der alten ursprünglichen Skulptur an. Das Ideal ist in sich versunken. [S. 170/03]
Der Grundzug der strengen Darstellung ist aber das Beruhen auf sich, nicht der starren Ruhe, sondern der geistigen, sinnenden: der Erhabenheit, die in die Schönheit verschmolzen ist. Diese ewige Ruhe ist die höchste Weise des klassischen Ideals. [S. 170/10]
Es sind hier die einfachen, ruhigen Gestalten, und was uns hier anspricht, ist die bestimmte Individualität; nicht ein Abstractum, sondern eine bestimmte idealische Individualität. Solche Gestaltungen stellen die Ruhe des Geistigen in seinem Daseyn dar, eine unendliche Hoheit, freie Sicherheit in sich selbst, Erhabenheit, die aber mit der Schönheit verschmolzen ist, in unmittelbare Schönheit übergegangen ist. Es ist eine Ruhe, die auf der Stirn der Götter thront, eine Erhabenheit, wodurch sie selbst in ihrer Leiblichkeit über die Äußerlichkeit erhaben sind; eine Heiterkeit, die, wie geistreiche Männer in ihrer Anschauung gefunden haben, zugleich ein Zug der Trauer zu seyn scheint, worin, wenn dieser Zug Zweck des Künstlers war, eben so wieder unendliche Seeligkeit und Heiterkeit der Götter schläft. Die Skulptur kann nicht Zufriedenheit, Freude, Hoffnung, überhaupt ein Gefühl unsers Daseyns, das mehr oder weniger ein zufälliges ist, ausdrücken; sondern was in der Skulptur ausgedrückt ist, das ist der Widerspruch der Heiterkeit und Ruhe mit der Sinnlichkeit. [S. 156/03]

In der griechischen Kunst ist der Gott nur in der sinnlichen Gestalt da, er ist mit ihr Eines. Diese Einheit löst sich auf, das Geistige wird eine Welt für sich, absolut friedlich, dem Sinnlichen entnommen. Die bloß natürliche Gestalt des Gottes wird abgetrennt, als ein Totes liegengelassen, weil er sich im Geistigen ein Dasein gibt. Die äußerliche, endliche Wirklichkeit wird dadurch selbst frei, aber damit eben eine götterlose Wirklichkeit, ein verdorbenes Dasein. Indem die innerliche Welt für sich ist, so wird das Äußerliche selbständig, eine entgötterte Natur, die für sich selbst hat. Der Gegensatz von unveränderlicher Substanz und fortschreitender, veränderlicher Entäußerung lässt die schöne Götterwelt untergehen. An die Stelle der klassischen Kunst muß die romantische christliche Kunst eintreten. 95

Im Übergang zur neuen Kunstform steht das Gemüt im Zorn gegen seine Gegenwart. Der abstrakte Willen und die Tugend stehen einer schlechten, gedankenlosen Wirklichkeit gegenüber. Insofern dieser Gegensatz fähig ist, sich als Kunstform darzustellen, so ist es die Satire. Ein denkender Geist, ein für sich adliges Gemüt, ein Subjekt steht als Subjekt dem Verderben gegenüber. Die Grundlage einer Kunstform, die diesem Gegensatz angehört, ist die Zertrümmerung der Einheit des Schönen Bei den Römern ist die Satire eigentümlich zu Hause. Es ist merkwürdig, daß es in unserer Zeit keine mehr gibt. 96

Die spätere Skulptur wird dann auch dramatisch, die Äußerlichkeit und Endlichkeit tritt ein. [S.170/09]

---

93 Indem nun diese Einheit des Geistigen und Natürlichen zugleich in unmittelbar sinnlicher Weise ist, kann es nicht bei dieser allgemeinen Göttlichkeit bleiben, sondern die Gottesgestalt muß eine besondere Göttergestalt werden. In der schönen klassischen Kunst ist der Polytheismus wesentlich.[S. 170/19]
Nur der Eine Gott kann keine anderen Formen neben sich vertragen. [S. 165/15]

---

94 Die allgemeine Kunstausbildung geht von der Stille des Ideals in die Mannigfaltigkeit seiner Erscheinung, in die Detaillierung des Geschehens und des Handelns, das immer menschlicher und menschlicher wird. Die Kunst geht also in Ansehung des Inhalts in die Vereinzelung, in der Form ins Angenehme hin. Das Angenehme ist die Ausbildung des Äußerlichen an allen Punkten, so, daß es überall eine Beziehung hat in betreff des Zuschauers. Die Kunst geht in diese Beziehung nach außen über und so in den Bezug des Gefallens. In dieser Verendlichung des Daseins liegt der nähere Zusammenhang mit dem Subjekt überhaupt, das sich jetzt, wie es ist, im Kunstgebilde findet. [S. 175/20]

---

95 Nur an der sinnlichen Gestalt hat in der griechischen Kunst der Gott sein Dasein. Diese Einheit des Idealen hat sich daher aufzulösen, und zwar so, daß zunächst das Geistige eine Welt für sich wird, absolut friedlich, dem Sinnlichen entnom-

Gott als der Eine ist unbestimmt, und das Unbestimmte ist kein Gegenstand der Kunst. Zur Kunst gehört Gestalt, Weise des sinnlichen Vorstellens und Anschauens und zur Kunst gehört auch, daß die Gestalt und die innere Bestimmtheit zusammenhängen. Beginnt die schöne Kunst, so verdirbt sie die Religion. Die Frömmigkeit hat genug an irgendeinem Bilde, das schlechteste Bild ist ihr genug. Sowie aber das Bild zur schönen Gestalt wird, sowie die Phantasie sich befreit, fängt der Ernst der Andacht zu verschwinden an und das Interesse des sinnlichen Seins, des Inneren tritt vor und wird Gegenstand der Gestaltung. Bei der christlichen Kunst suchen die Gläubigen nicht schöne Bilder, sie suchen die alten, erläuternden Bilder. Beim Schönen kommt durch den Reiz des dargestellten Daseins, durch den sinnlichen Schein eine Entfernung zustande zu dem, was die tiefere Andacht befriedigt. 97

Die romantische Kunstform

Auch die romantische Kunstform wird durch Inhalt bestimmt, durch ein allgemeines Weltverhältnis, durch eine Weltsicht, in der sich die Entwicklung des Selbstbewusstseins der menschlichen Gattung zeigt. Der Mensch erkennt sich als Geist, setzt sich als höchsten Zweck und kommt zu sich selbst. 98

In der klassischen Kunst ist der Begriff des Schönen realisiert, schöner kann nichts werden. Aber das Reich des Schönen ist noch 99

men. Die bloß natürliche Gestalt, die Gestalt des Gottes, wird itzt abgetrennt, als ein Totes liegengelassen, weil der Gott im Geistigen sich ein Dasein gibt. Die äußerliche, endliche Wirklichkeit wird dadurch selbst frei, aber damit eben eine götterlose Wirklichkeit, ein verdorbenes Dasein. [S. 177/17]
Indem die innerliche Welt für sich ist, so wird das Äußerliche selbständig – eine entgötterte Natur, die ihr Bestehen für sich selbst hat. [S. 133]
An die Stelle der klassischen Kunst muß die romantische christliche Kunst eintreten. [S. 176/17]

96 Ein denkender Geist, ein für sich adliges Gemüt, ein Subjekt als Subjekt, ein solches subjektiv in sich Beruhendes, noch nicht die Idee erfassend, steht dem Verderben gegenüber. [S. 177/33]
Insofern nun dieser Gegensatz fähig ist, als Kunstform sich darzustellen, so ist diese Form die der Satire. Bei den Römern ist sie eigentümlich zu Hause. [S. 178/24]
Es ist merkwürdig, daß es zu unserer Zeit keine Satiren mehr gibt. [S. 179/15]

97 Das Unbestimmte – Gott als der Eine – ist kein Gegenstand der Kunst, sondern zur Kunst gehört Gestalt, Weise des sinnlichen Vorstellens und Anschauens sowie daß die Gestalt und die innere Bestimmtheit zusammenhängt. [S. 154]
Beginnt die schöne Kunst, so verderbt sie die Religion. Die Frömmigkeit hat genug an irgendeinem Bilde. Das schlechteste Bild ist ihr genug. Sowie das Bild zur schönen Gestalt wird, die Phantasie sich befreit, so fängt der Ernst der Andacht zu verschwinden an und das Interesse des sinnlichen

unvollkommen, weil der freie Begriff nur sinnlich vorhanden ist und noch keine geistige Realität in sich selbst hat. Der Geist aber muß sich selbst zum Boden seines Daseins haben, sich eine intellektuelle Welt erschaffen, in sich selbst leben, sich selbst wissen. Wenn sich das Innere für sich selbst weiß, fallen das Innere und das Äußere auseinander. Das Äußerliche erscheint untergeordnet, der freie Geist läßt die Äußerlichkeit frei und selbständig. Es entstehen zwei Reiche, die innere geistige Welt für sich, auf der anderen Seite die natürliche äußerliche Welt, und es kommt dann auf das Verhältnis der beiden zueinander an.

Die absolute Innerlichkeit vollendet sich in sich als sich unendlich wissende Subjektivität. In diesem Pantheon sind alle Götter verzehrt, die Flamme der Subjektivität hat sie als besondere zerstört, und es ist nur ein Gott, ein Geist, eine absolute Selbständigkeit. Die Göttlichkeit ist nicht in besonderen Charakteren und Funktionen, der sich aufschließende Gott verstreut sich in alle einzelnen Menschen. Das wirkliche, sich seiner selbst bewußte Subjekt ist jetzt das Dasein des Göttlichen. Der klassischen Skulptur der Göttergestalt fehlt das Licht des Auges, es stellt nicht Wissen und Wollen dar, der Gott weiß sich nicht. Das Auge, durch das die Seele sieht und gesehen wird, ist lichtlos in den strengen Gestalten. Sie sind unaufgeschlossen und nicht nach außen gerichtet. Jetzt, in der romantischen Kunst erscheint der Gott sehend, 100

Seins, des Inneren tritt ein und wird Gegenstand der Ausbildung. [S. 176/02]
Bei der christlichen Kunst sind es nicht die schönen Bilder, welche die Gläubigen suchen, sondern die alten statarischen Bilder. Beim Schönen kommt durch den Reiz des dargestellten Daseins eine Entfernung vom allgemeinen Gedanken hervor und von dem, was die tiefere Andacht befriedigt. [S. 176/10]

• • •

99 In der klassischen Kunst ist der Begriff des Schönen realisiert; schöner kann nichts werden. Aber das Reich des Schönen selbst ist für sich noch unvollkommen, weil der freie Begriff nur sinnlich in ihm vorhanden ist und keine geistige Realität in sich selbst hat. Diese Unangemessenheit fordert vom Geist, sie aufzuheben und in sich selbst zu leben und in keinem Anderen seiner. Der Geist muß sich selbst zum Boden seines Daseins haben, sich eine intellektuelle Welt erschaffen. Hier vollendet sich die Innerlichkeit in sich. [S. 179/26]
Der Übergang beruht darauf, daß im Klassischen die geistige Individualität zunächst das Sinnliche, Äußerliche im Bewußtsein hat, das ihr adäquat sein muß; das Höhere ist, daß das Geistige in sich die Existenz sich gibt. Die Art und Weise dieser Gegenständlichkeit ist in dem Klassischen noch das sinnliche Element; das höhere Element des Geistigen ist aber seine höhere Freiheit, d. h. daß das Geistige sich selbst weiß. Dadurch ist ein Auseinanderfallen des Inneren und Äußeren, wenn das Innere sich für

sich wissend, in menschlicher Gestalt, die mit der ganzen Welt zusammenhängt. Diese Innigkeit der Seele existiert in der intellektuellen Welt und sie hat in dieser Innigkeit ihre Schönheit. Die Schönheit der Seele ist mit der Gleichgültigkeit gegen die Gestaltung der unmittelbaren Welt verknüpft, die unmittelbare Welt ist der Seligkeit der Seele an sich nicht würdig. Dadurch ist der Stoff entlassen und für sich frei. Im Ideal beherrschte der Geist den Stoff, der die Innigkeit auszudrücken hatte. Jetzt soll sie am Stoff erscheinen, und er soll mit ausdrücken, daß das Äußerliche nicht befriedigt. Die Innigkeit führt in sich einen Gegensatz gegen das äußerliche Dasein. Die romantische Kunst hat eine musikalische Grundlage, ein Schweben und Tönen über einer Welt, welche nur einen Gegenschein dieses Insichseins der Seele aufnehmen kann, und die immer eine heterogene Materie gegen das Wahre ist. Diese heterogene Materie kann daher partikulär aufzutreten. Sie darf jetzt unschön erscheinen. Aus diesem abstrakten Begriff der romantischen Kunst folgt, daß die existierende Menschheit allein der Boden dieser Kunst ist. Die Natur ist entgöttert, Meer, Berg und Tal werden nicht mehr als göttlich aufgefasst, und auch das Werden und Vergehen hat seinen anbetungswürdigen Status verloren. Die Fragen nach dem Woher, Worin und Worum der Welt und der Menschheit sind verstummt und die Rätsel beantwortet.

sich selbst weiß, das Äußerliche dann als untergeordnet erscheint; aber zugleich läßt der freie Geist auch die Äußerlichkeit frei und selbständig. Dadurch entstehen zwei Reiche, die innere geistige Welt für sich, auf der anderen Seite die natürliche äußerliche Welt, und es kommt dann auf das Verhältnis der beiden zueinander an. [S. 157]

---

100 Und diese Freiheit des Geistes ist es, welche jetzt das Prinzip ausmacht. Dadurch erhält die Erscheinung auch ein anderes Verhältnis, das über die Schönheit hinausgeht. Diesen Inhalt und die Form haben wir zunächst im allgemeinen zu bestimmen. Das Prinzip ist das der absoluten Innerlichkeit. Diese ist zunächst abstrakt die sich als unendlich wissende Subjektivität. [S. 179/34]
Es ist hier das Subjekt kein besonderes mehr, sondern die Subjektivität hat sich in sich selbst unendlich gefaßt, ist diese unendliche Identität mit sich; in dieser ist alle Mannigfaltigkeit zu einem Ideellen herabgesetzt. In diesem Pantheon sind alle Götter verzehrt; die Flamme der Subjektivität hat sie als besondere zerstört, und es ist nur ein Gott, ein Geist, eine absolute Selbständigkeit und die Göttlichkeit nicht in besonderen Charakteren und Funktionen. [S. 180/07]
Die Göttlichkeit, die absolute Subjektivität, erscheint in der Subjektivität selbst als Unmittelbarkeit. An dieser Seite ist es auch, daß hier die Kunst eintritt. Das wirkliche Subjekt ist jetzt Dasein des Göttlichen–als das (sich) seiner selbst bewußte (Subjekt). Wir können damit die Skulptur der Göttergestalt vergleichen.

Indem der ganze Inhalt im subjektiven menschlichen Gemüt ist und aller Prozeß in dieses Gemüt verlegt wird, ist der Kreis wieder unendlich erweitert und umfaßt die schrankenloseste Mannigfaltigkeit. Die Seele ist nicht darzustellen als in einem Leib wohnend und durch diese Gestalt vollständig ausgedrückt, es kommt jetzt gerade darauf an, die Seele als eine selbständige Realität in sich zu zeigen, gerade als nicht vollständig im Leib aufgehoben. Der Leib vermag sie nur auszudrücken, insofern er zur Erscheinung bringt, die Seele habe nicht in ihm, sondern in ihr selbst ihre Realität. Die romantische Kunst bildet also die Seele nicht mehr dem Leib ein, sondern gibt diesen frei. Er ist nun nicht mehr Ideal, sondern er ist unmittelbar. Damit nähert sie sich dem Portrait, statt zu idealisieren. In der romantischen Kunst ist die Äußerlichkeit nicht für das Ideal, sondern für Andere und hat das Moment an sich, sich jedem zu überlassen. Die Äußerlichkeit wird genommen, wie sie ist, und als Äußerliches preisgegeben, das sich für einen dritten, den Zuschauer gibt. Die Gestalt tritt mehr in die gewöhnliche Menschlichkeit ein, Spuren der Zeitlichkeit und des Daseins treten auf. Aber auch das Porträt muß ein ideales Kunstwerk sein, und was man gewöhnlich Schmeichelei nennt, ist für die Kunst durchaus etwas Notwendiges. 101

Die romantische Kunst breitet sich in drei Kreisen aus, dem religiösen Kreis, dem weltlichen Kreis und dem Kreis der Subjektivität. 102

Sie stellt an ihrer Gestalt das Wissen und Wollen nicht dar; dem alten Götterbilde fehlt das Licht des Auges; der Gott weiß sich nicht. Das Auge, durch das die Seele sieht und gesehen wird, ist lichtlos in den strengen Gestalten; sie sind unaufgeschlossen und nach außen nicht gerichtet. Jetzt erscheint der Gott sehend, sich wissend, in menschlicher Gestalt. Diese menschliche Gestalt hängt mit der ganzen Welt zusammen. [S. 180/22]

Wir haben hier die Innigkeit der Seele mit sich, die in der intellektuellen Welt ist, in ihr existiert und in dieser Innigkeit ihre Schönheit hat. Die Schönheit der Seele ist hier mit der Gleichgültigkeit gegen die Gestaltung der unmittelbaren Welt verknüpft, da die unmittelbare Welt nicht würdig ist der Seligkeit der Seele an sich. Dadurch ist der Stoff entlassen und für sich frei. Im Ideal beherrschte ihn der Geist. Der Stoff hat jetzt nicht die Innerlichkeit auszudrücken, sondern in ihm soll die Innigkeit erscheinen, d. h. er soll mit ausdrücken, daß das Äußerliche ein nicht Befriedigendes sei. Die Innigkeit führt einen Gegensatz in sich gegen das äußerliche Dasein. Die romantische Kunst hat eine musikalische Grundlage, ein Schweben und Tönen über einer Welt, welche nur einen Gegenschein aufnehmen kann dieses Insichseins der Seele und immer eine heterogene Materie gegen das Wahre ist. [S. 182/09]

Dieser heterogenen Materie ist es daher freigegeben, partikulär aufzutreten. Sie darf jetzt unschön erscheinen. Dies ist der abstrakte Begriff der romantischen Kunst. Aus demselben folgt, daß

Das Ideal tritt in der romantischen Kunst nicht wie bei den griechischen Göttern als Einsamkeit und als Fernes auf, sondern als auf ein Anderes bezogen und Inniges. Nicht das Strenge der Sinnlichkeit des Ideals ist gefordert, sondern das Hohe der Innigkeit. Das innige Subjekt ist nicht einsam in sich wie der griechische Gott, der sich in sich ganz vollendet und in der Seligkeit seiner Abgeschlossenheit lebt. Dagegen drückt das romantische Ideal das Verhältnis zu anderem Geistigen aus, das mit der Innigkeit so verbunden ist, daß nur eben in diesem Anderen die Seele in der Innigkeit mit sich selbst lebt. Nicht die sittlichen Tugenden der Alten sind bestimmend, sondern die Liebe ist bestimmend. In der Liebe vergißt sich das Bewußtsein in einem anderen Bewußtsein, läßt seine Persönlichkeit darin vergehen und findet sich selbst eben darin. 103

Liebe und Versöhnung zeigen sich zuerst in den Christusdarstellungen, die keinem klassischen Ideal folgen, sie sind nicht erhaben und verschlossen. Zwar haben große Maler versucht, den christlichen Gott auf eine großartige Weise darzustellen, aber unser Gott gibt sich für die Darstellung nicht her, sie ist ein Notbehelf. Der Sohn hingegen in seiner Menschlichkeit ist der höchste Gegenstand für die christliche Malerei gewesen und in den verschiedensten Situationen dargestellt worden: als Kind, Mann, Lehrer. In Christus müssen sich menschlicher Ernst und 104

die existierende Menschheit allein der Boden dieser Kunst ist. [S. 182/24]
Die Fragen nach dem Woher, Worin und Worum der Welt und der Menschheit sind verstummt und die Rätsel beantwortet. [S. 183/02]

---

101 Indem aber der ganze Inhalt in den Punkt des subjektiven menschlichen Gemüts zusammengehalten ist und hierin aller Prozeß verlegt wird, so ist damit andrerseits der Kreis auch wieder unendlich erweitert und umfaßt die schrankenloseste Mannigfaltigkeit. [S. 183/10]
Der Leib vermag sie nur auszudrücken, insofern er zur Erscheinung bringt, die Seele habe nicht in ihm, sondern in ihr selbst ihre Realität. [S. 184/20]
Damit nähert sie sich, statt zu idealisieren, vielmehr dem Portrait. [S. 185/04]
Somit ist es als das Äußerliche preisgegeben, es gibt sich für einen dritten, den Zuschauer. [S. 185/15]
Jetzt aber in der romantischen Kunst ist die Äußerlichkeit nicht für das Ideal, sondern für Andere und hat das Moment, sich jedem zu überlassen, an ihr. [S. 185/23]
Die Gestalt demnach tritt mehr in die gewöhnliche Menschlichkeit ein. [S. 185/27]
Auch das Porträt muß ein ideales Kunstwerk sein, und was man gewöhnlich Schmeichelei nennt, ist für die Kunst durchaus etwas Notwendiges. [S. 185]

• • •

103 Das Strenge der Sinnlichkeit des Ideals ist nicht mehr gefordert, sondern das Hohe der Innigkeit. Indem auf diese Weise die Gestalt nicht

die Liebe ausdrücken. Die Gestalt verschmäht die ideale Schönheit und die Erhabenheit, sie muß die Mitte zwischen der Schönheit des Ideals und der natürlichen Gestalt treffen, Häßlichkeit darf nicht beigemischt sein.

Die reale, die existierende menschliche Liebe stellt die selige Innigkeit sinnlich und als gegenwärtig in der Mutterliebe dar. Marias Liebe ist der gelungenste Gegenstand der romantischen Kunst. Sie ist ohne Qual und Tod, ohne direkte Ungerechtigkeit, wenn auch nicht ohne Leiden und Schmerz. 105

Sodann kommen die Jünger und dann noch in einem weiteren Kreis die Märtyrer und die Büßenden. Die Größe der Heiligkeit wird auf diesem Felde dann nach der Gräßlichkeit des Erlittenen abgemessen. Es ist ein sehr gefährlicher Stoff für die Kunst, denn diese Qualen sind häßliche Gegenstände. Die Mißhandlung des Körperlichen ist für sich widrig. Diese Widrigkeit hat ihren Gegensatz an dem Himmlischen, das sich in der innerlichen Festigkeit, die Qualen zu ertragen, zeigt. Dies Dulden geht bis zu Rohheit und zu leerer, letzter Abstraktion fort, und die barbarische Gewalt widerspricht dem Verstand. In einem noch weiteren Kreis kommt die Bekehrung der Sünder. 106

Selten gelingt es den Künstlern, die Behandlung mit dem Stoff in Einklang zu bringen, die Themen von Sündern und Büßern beleidigen in der Regel den Schönheitssinn, und die Darstel- 107

festgehalten ist, so liegt darin, daß das innige Subjekt nicht einsam in sich sei wie der griechische Gott, der sich in sich ganz vollendet und in der Seligkeit seiner Abgeschlossenheit lebt; sondern der Ausdruck des romantischen Ideals drückt das Verhältnis zu anderem Geistigen aus, das mit der Innigkeit so verbunden ist, daß nur eben in diesem Anderen die Seele in der Innigkeit mit sich selbst lebt. Dies Leben in sich in einem Anderen ist aber das Verhältnis der Liebe. [S. 185/28]
Die Liebe ist nichts anderes, als daß das Bewußtsein sich in einem anderen Bewußtsein vergißt, seine Persönlichkeit darin vergehen läßt, und eben darin sich selbst findet, sich selber besitzt. [S. 137]

stellen, aber es ergibt sich bei der Betrachtung der Werke sogleich, daß unser Gott sich für die Darstellung nicht hergibt, daß sie ein Notbehelf ist. Der Sohn hingegen in seiner Menschlichkeit ist der höchste Gegenstand für die christliche Malerei gewesen und in den verschiedensten Situationen dargestellt worden: als Kind, Mann, Lehrer. [S. 183]
Menschlicher Ernst muß sich in Christus ausdrücken und die Liebe, die die Mitte trifft zwischen Schönheit des Ideals und der natürlichen Gestalt. Häßlichkeit darf der Gestalt nicht beigemischt sein, aber sie verschmäht die ideale Schönheit und die Erhabenheit. [S. 186/17]

---

104 Große Maler haben zwar auch versucht, den christlichen Gott auf eine großartige Weise darzu-

105 Die reale, die existierende menschliche Liebe legt sich in einer anderen Figur aus. Sie stellt die

lung von Leiden, Schmerz usw. geht zum Hässlichen hinüber. Bei solchen Sujets tritt das Interesse der Kunst als Interesse an der Geschicklichkeit des Künstlers hervor. In der romantischen Kunst kann die Gestalt das gewöhnliche Natürliche sein, und das Interesse ist: Was hat der Künstler getan, uns diese äußerliche Gestalt lebendig zu machen, wie hat er die Gestalt hervortreten lassen? und nicht, was er getan hat, sie göttlich zu machen. Die Formen sind partikulär, und so kommt vornehmlich die Besonderheit des Künstlers in Betracht.

Der weltliche Kreis

Wenn das Reich Gottes in der Welt Platz gewonnen hat, tritt die Wirklichkeit ein. Die Gewißheit der gegenwärtigen Existenz läßt die Innigkeit des Gemüts aus seinem Himmel herunter treten und es wird weltlich. Der Mensch erhält ein weltliches Herz und hat darin etwas Affirmatives. Ehre, Liebe, Treue sind hier die Gegenstände der Kunst. 108

Ehre ist an das Subjekt gebunden, von ihm bestimmt, (ein)gebildet. Deshalb kann sich die Ehre auf alles Mögliche beziehen und umgekehrt kann so auch alles Mögliche ehrverletzend sein. Die Ehre ist im Romantischen ein Hauptmotiv. Der Mann von Ehre sieht bei der Sache zuerst auf sich, dabei kann sie einen wahrhaften wie einen willkürlichen Inhalt haben. Wenn der 109

selige Innigkeit nicht bloß sinnlich dar, aber als gegenwärtig. Dies ist die Mutterliebe, Marias Liebe, der gelungenste Gegenstand der romantischen Kunst. Diese Liebe ist ohne Qual und Tod, ohne direkte Ungerechtigkeit, wenn zwar nicht ohne Leiden und Schmerz. [S. 187/01]

106 Die Märtyrer werden so Gegenstand der romantischen Kunst in diesem Felde des Religiösen. Sie treten hier als Selbstpeiniger auf, und indem sie freiwillig sich Schmerz und Qualen aller Art auferlegen, zeigen sie hierdurch das Negativsetzen ihres natürlichen Willens, aus dessen Gebrochenwerden die Verklärung des Geistes hervorglänzt. Die Größe der Heiligkeit wird auf diesem Felde dann nach der Gräßlichkeit des Erlittenen abgemessen. [S. 188/13]
Es ist ein sehr gefährlicher Stoff für die Kunst, denn diese Qualen, verbrannt werden oder in Öl gekocht, schinden etc. sind häßliche Gegenstände für sich selbst. Es ist da eine äußerliche Zerrissenheit, eine Mißhandlung des Körperlichen, die für sich widrig ist; diese Widrigkeit hat ihren Gegensatz an dem Himmlischen, das sich in der innerlichen Festigkeit, die Qualen zu ertragen, zeigt. [S. 161]
Dies Dulden geht bis zu Rohheit und zu leerer, letzter Abstraktion fort. [S. 188/20]

107 Andrerseits beleidigen die Darstellungen dieses Kreises auch den Schönheitssinn. [S. 188/27] Die Gestalt kann jetzt gewöhnlich sein, ihr Typus kann das gewöhnliche Natürliche sein, und das Interesse ist dieses: Was hat der Künstler getan,

Ritter um seiner Dame willen tapfer ist, so ist es kein objektiver Zweck. Der klassischen Kunst ist dieser Inhalt unbekannt.

Die Liebe spielt in der neuern Kunst eine überragende Rolle. Sie steht der Selbstsucht der Ehre entgegen, da es ihr nicht um die eigene Persönlichkeit zu tun ist, sondern um eine Gemeinsamkeit des Für-sich-Seins. Die Liebe ist aber zugleich eine Privatsache, sie ist das Interesse eines besonderen Individuums, das sich nach seiner subjektiven Neigung verhält. Aber wie gesagt: es gibt seine Selbständigkeit in das Sein eines andern auf. In diese Einheit legt die romantische Liebe ihr ganzes Wesen hinein, erhebt sie zur Unendlichkeit der Welt. Ehre und Liebe sind entgegengesetzt und können leicht in Streit kommen. So sind sie auch oft Gegenstand der modernen romantischen Kunst. Die Liebe bei den Alten ist anders geartet, sie hat ihren Grund nicht in der freien Subjektivität. 110

Die Treue ist im Romantischen stets Treue gegen einen Höheren. Sie ist an ein besonderes Subjekt gebunden und bedingt durch die eigene Ehre. Der freie Wille des Subjekts setzt sich in dies Verhältnis, und so wird auch die Treue unsicher und zufällig, ihr letztes Prinzip ist die Willkür der Subjektivität. 111

Der Formalismus der Subjektivität

Der Formalismus der Subjektivität meint, wie diese oder jene 112

diese äußerliche Gestalt uns lebendig zu machen, nicht sie göttlich zu machen, wie hat er die Gestalt hervortreten lassen. Die Formen sind partikulär, und es ist hier die Partikularität des Künstlers, die in Betracht kommt. [S. 190/12]

---

108 Wenn aber das Reich Gottes in der Welt Platz gewonnen hat, tritt die Wirklichkeit ein. [S. 190/29]
Die Innigkeit des Gemüts tritt hier aus ihrem Himmel, ihrer substantiellen Sphäre herunter und wird weltlich. [S. 190/17]
Der Mensch erhält ein weltliches Herz und hat darin etwas Affirmatives. [S. 191/01]

---

109 Der Mann von Ehre sieht bei der Sache daher auf sich zuerst, ob sie ihm gemäß sei. Diese Ehre sehen wir im Romantischen als ein Hauptmotiv auftreten. Sie kann einen wahrhaften wie einen willkürlichen Inhalt haben. [S. 192/06]
Wenn der Ritter um seiner Dame willen tapfer ist, so ist es kein objektiver Zweck. [S. 144]
Dieser schöne Inhalt ist der classischen Kunst etwas Unbekanntes. [S. 170/10]

---

110 Die Liebe. Sie spielt in der neuern Kunst eine überragende Rolle. [S. 171/26]
Die Liebe ist einerseits der Selbstsucht der Ehre entgegen, da es in der Liebe nicht um die eigene Persönlichkeit zu tun ist, sondern eine Gemeinsamkeit des Für-sich-Seins das Hauptinteresse ausmacht. Die Liebe ist aber zugleich dabei eine Privatsache, das Interesse dieses besonderen Individuums. [S. 193/01]

beliebige Seite des Subjekts geschaffen ist und zu einer besonderen Seite herausgebildet, in einen Charakter getrieben wird.

Die Festigkeit der Charaktere ist eigentümliche Bestimmtheit im Romantischen, wo das Außergöttliche zu seiner Selbständigkeit für sich gelangt. Es ist der besondere Charakter, der auf eine besondere Weise ist und so sein will. Er hat kein allgemeines Interesse, sondern er ist nach seiner unmittelbaren Natur, schöpft aus dieser, hält sich an diese. Hier ist die Subjektivität in ihrer Zufälligkeit, der Charakter als formelle Subjektivität. Dazu gehören die Shakespeareschen Charaktere, bei denen nicht von Religion und Sittlichkeit die Rede ist. Es sind auf sich beruhende Charaktere, deren Leidenschaft sich durchsetzt bis zum Zugrundegehen. Sie zeichnen sich durch die Festigkeit ihres Willens aus, wie Macbeth. Oder aber durch das schöne Gemüt, wie Julia. Der bestimmte Charakter bezieht sich nicht auf etwas Höheres, rechtfertigt sich nicht, sondern ist, so wie er ist, und will nicht anders sein, als er ist. Er beruht ungebeugt in dieser Festigkeit und geht auch darin unter. Diese Charaktere zerschellen in der Regel an den Verhältnissen. Dem romantischen Charakter ist es nicht darum zu tun, ein Werk zu produzieren, sondern das Subjekt will nur handeln. 113

Die romantische Welt hatte nur ein absolutes Werk, die Ausbreitung des Christentums. Aber die Taten dieses Werks sind mehr 114

Das Individuum verhält sich nach seiner subjektiven Neigung, es giebt aber, wie gesagt, seine Selbständigkeit in das Seyn eines andern auf. In diese Einheit legt die romantische Liebe ihr ganzes Wesen hinein, erhebt sie zur Unendlichkeit der Welt; indem Ehre und Liebe so entgegengesetzt sind, können sie leicht in Streit kommen und so sind sie auch oft Gegenstand der modernen romantischen Kunst. [S. 171/28]

---

111 Die Treue ist im Romantischen Treue gegen einen Höheren. Dies Prinzip ist im Rittertum zuerst der Halt des Gemeinwesens, der substantiellen Sittlichkeit. Sie ist kein Patriotismus, sondern sie ist an ein besonderes Subjekt gebunden und bedingt durch die eigene Ehre. Der freie Wille des Subjekts setzt sich in dies Verhältnis und hat in sich noch weitere Bestimmungen. Die Treue wird so auch prekär und zufällig. Ihr letztes Prinzip ist auch die Willkür der Subjektivität. [S. 194/01]

...

113 Das erste, was wir in dieser Kategorie des Formalismus, der Selbständigkeit des Äußerlichen zu nennen haben, ist der Charakter als solcher, damit der formelle Charakter, der so auf diese besondere Weise ist und so sein will, der nicht gedachte Zwecke und Absichten, nicht ein allgemeines Interesse für sich hat, sondern nach seiner unmittelbaren Natur ist, aus dieser schöpft, sich an diese hält. [S.145]
Hier ist die Subjektivität in ihrer Zufälligkeit. Es ist der Formalismus des Stoffs, die Charaktere als formelle Subjektivität. Der frühere Charakter, in

Abenteuer. Das Heilige Land zu erobern oder die Mauren aus Spanien zu treiben, ist auf der einen Seite ganz religiös, zugleich auf der anderen Seite ganz weltlich. Der religiöse Zweck ist mit dem Zweck der Eroberung verbunden gewesen, also in sich selbst gebrochen. Noch phantastischer ist der Zweck, einen gewissen Ort, das Grab zu gewinnen. Das ist das Geistloseste, in sich phantastisch. Wenn man den Begriff des Geistigen an äußerliche Lokalitäten zu knüpfen versucht, so hat dieser ganze Zweck einen Widerspruch in sich, und in der Ausführung ist es auch so: das eine Mal Frömmigkeit, das andre Mal die größte Grausamkeit. Das Abenteuer hat mit dem romantischen Charakter die Zufälligkeit gemeinsam, heraus kommt dann Don Quijote. Das, was verspottet wird, ist zugleich aufs schönste vorgestellt.

Der Staat hat sich befestigt, Ordnung ist eingekehrt, und die Willkür ist nur noch gering. Die Kunstform, die sich nun entfaltet, ist der Roman. Sein Boden ist der geordnete Staat. Und dann wird das partikuläre Individuum, egal welchen Standes es ist, mit seinen Interessen, Neigungen und Meinungen zum Stoff. Im Romantischen haben alle Gegenstände Platz, Ritter, Helden und Damen, herunter bis zu Dienern, Narren und Schildwachen, wie es auch im Christlichen herabgeht bis zum Ochsen und Esel. Der Standpunkt des Individuums zur Welt ist der kleinliche Umfang des partikulären Interesses. Das Interesse 115

den die Liebe, die Ehre und Treue fällt, ist noch schön, noch nicht abstract für sich. Jetzt haben wir den partikulären Charakter, der, so wie er ist, sein will. [S. 194/17]

Die Festigkeit der Charaktere ist eigentümliche Bestimmtheit im Romantischen, wo das Außergöttliche zu seiner Selbständigkeit für sich gelangt. Zu dieser Seite gehören die Shakespeareschen Charaktere, und was an Shakespeare das Auszeichnende ist, ist diese Festigkeit, Einseitigkeit des Charakters; von Religion und Sittlichkeit ist in Shakespeare nicht die Rede, sondern es sind Charaktere, fest auf sich beruhend, deren Leidenschaft nicht ein Pathos ist, sondern deren Leidenschaft sich durchsetzt bis zum Zugrundegehen. [S. 166]

Der bestimmte Charakter in dieser Rücksicht, bezieht sich nicht auf etwas höheres, rechtfertigt sich nicht, sondern ist, so wie er ist, und will nicht anders seyn, als er ist, beruht ungebeugt in dieser Festigkeit und geht auch darin unter. [S.174/25]
Dem romantischen Charakter ist es nicht darum zu tun, ein Werk zu produzieren, sondern das Subjekt will nur handeln. [S. 196/17]

---

114 Die romantische Welt hatte nur ein absolutes Werk, die Ausbreitung des Christentums. Aber die Taten dieses Werks sind mehr Abenteuer. [S. 196/20]
Der Zweck, das Heilige Land zu erobern, so die Mauren aus Spanien zu treiben, ist auf der einen Seite ganz religiös, auf der anderen Seite ganz weltlich zugleich, also der religiöse Zweck ist mit

seines Herzens kommt zur Sprache. Das Individuum zieht ritterlich aus und will das Gute für die Welt vollbringen, sein Ideal der Liebe befriedigen. Es gerät in Kampf mit der festen Wirklichkeit, und das Ende kann nur scin, daß das Individuum die Welt nicht anders macht, sondern daß es sich seine Hörner abläuft und sich in das Objektive ergibt. Das Ende wird sein, daß es in die Verkettung der Welt eintritt, sich eine Familie, einen Standpunkt erwirbt, eine Frau, die aber – so hoch idealisiert sie war – eine Frau ist, nicht besser als die meisten anderen. Da kommen nun die Kinder und der ganze Katzenjammer des Lebens, er wird Philister, da er früher gegen das Philistertum kämpfte.

Sind das Kunstwerke, wenn das tägliche Leben in seiner Täglichkeit aufgefasst wird? Im gewöhnlichen Sinne ist dies Nachahmung der Natur. Dennoch sind es Kunstwerke, denn im abstrakten, allgemeinen Sinne fällt alles mögliche unter Kunst, und auch schlechten, unsittlichen Gegenständen kann durch sie die Form der Schönheit gegeben werden. Wenn man aber im philosophischen Sinn von der Kunst spricht, dann muß Gehalt, Stoff, innere Idee gefordert werden und darüber hinaus, daß der eigentümliche Gehalt wahrhaft, an und für sich substantiell sei. 116

Die Kunst geht über zur Darstellung der Gegenstände, wie sie sind. Besonders die Malerei stellt die Gegenwärtigkeit dar. Sie 117

dem Zweck der Eroberung verbunden gewesen; also ein Zweck, der in sich selbst gebrochen ist. Noch mehr phantastisch ist der Zweck, das Heilige Land zu gewinnen, der Zweck wird ein gewisser Ort (das Grab zu gewinnen). Das ist das Geistloseste, ein Zweck, der in sich gebrochen, in sich phantastisch ist. Versucht man, den Begriff des Geistigen also zugleich zu knüpfen an äußerliche Lokalitäten, so hat dieser ganze Zweck einen Widerspruch in sich; in der Ausführung ist es auch so: das eine Mal Frömmigkeit, das andre Mal die größte Grausamkeit. [S. 169]

---

115 Der Roman ist es, der sich hier anreiht und als eine besondere Kunstform bekannt ist. Die Romantik ist es, die hier in unsere Zeit und Verhältnisse gestellt ist. Der Boden des Romans ist nicht mehr die Zufälligkeit des äußerlichen Daseins, die sich in eine höhere Ordnung des Staates verwandelt hat. Alle Verhältnisse, die in dem Rittertum fehlen, sind fest. Der Roman hat einen Boden, wo die Hauptmomente der Sittlichkeit fest sind, das sittliche Leben nicht mehr auf der Willkür beruht, deren Umfang jetzt klein ist. Dieser kleinliche Umfang ist das partikuläre Interesse eines Individuums überhaupt, der Standpunkt, den die Individuen in der Welt einnehmen; das Interesse seines Herzens kommt hier zur Sprache. [S. 197/09]

Das Individuum zieht ritterlich aus und will das Gute für die Welt vollbringen, sein Ideal der Liebe befriedigen. Es gerät in Kampf mit der festen Wirklichkeit, und das Ende kann nur dies sein, daß das Individuum die Welt nicht anders macht,

vollzieht am deutlichsten den Übergang zum Interesse am Scheinen, Scheinen als die Darstellung einer unmittelbaren Gegenwart. Die niederländische Schule ist darin ausgezeichnet. Der Gegenstand selbst befriedigt uns nicht, aber die unendliche Kunst des Malers schon, denn diese Maler verstehen zu malen. Die Kunst des Scheinens zeigt und beweist sich. Nicht der Gegenstand soll uns bekannt gemacht und kein Göttliches soll uns klar werden, sondern das sich in sich vertiefende Scheinen macht das Interesse aus. Am Schönen ist die Seite des Scheinens hervorgehoben.

Die Kunst verrückt im Humor alles Substantielle durch eine subjektive Ansicht. In dieser ganz subjektiven Seite bringt nicht der Künstler eine Gestalt hervor, sondern das Subjekt gibt nur sich selbst zu sehen. Es zeigen sich die Empfindungen, der Witz des Subjektes. Das Humoristische schweift gerne nach den Empfindsamen hin. Zu dieser Form greift der Dichter leicht, da er keinen Plan, keine objektive Darstellung braucht, sondern bloß von sich spricht, insofern es seine Witze, seine Gedanken sind. Hiermit hört die Kunst auf, humoristische Werke sind eigentlich nicht mehr Kunstwerke. Das Ende des Romantischen ist somit der Humor. 118

In der symbolischen, in der klassischen und in den ersten Kreisen der romantischen Kunst ist der Künstler in Einheit mit seinem 119

sondern daß das Individuum sich seine Hörner abläuft und sich in das Objektive ergibt. Das Ende wird sein, daß es in die Verkettung der Welt eintritt, sich eine Familie, einen Standpunkt erwirbt, eine Frau, die aber – so hoch idealisiert sie war – eine Frau ist, nicht besser als die meisten anderen. [S. 197/26]
Da kommen nun die Kinder und der ganze Katzenjammer des Lebens, er wird Philister, da er früher gegen das Philistertum kämpfte. [S. 170]

116 Wenn das tägliche Leben in seiner Täglichkeit aufgefaßt wird, nach Weise der Kunst: Sind das Kunstwerke? Im gewöhnlichen Sinne ist dies Nachahmung der Natur. Es können schlechte, unsittliche Gegenstände sein, die den Inhalt ausmachen, welchen durch die Kunst die Form der Schönheit gegeben wird. Man muß sagen, es sind Kunstwerke, denn im abstrakten, allgemeinen Sinne tritt alles mögliche Besondere darunter. Wenn man aber im philosophischen Sinn von der Kunst spricht, muß wohl Gehalt, Stoff, innere Idee gefordert werden, und darüber hinaus, daß der eigentümliche Gehalt ein wahrhafter, substantieller an und für sich sei.[S. 151]

117 Die Kunst geht nach der Seite der Gegenständlichkeit zur Darstellung der Gegenstände, wie sie sind, fort. [S. 199/13]
Die Malerei besonders stellt die Gegenwärtigkeit dar. [S. 200/22]
Der Gegenstand selbst befriedigt uns nicht, aber die unendliche Kunst des Malers. Man muß gestehen, daß diese Maler zu malen verstehen.

Stoff, er stellt das Substantielle, das zugleich sein Substantielles ist, in der Weise der Kunst vor. Die Identität mit dem Stoff ist nötig, damit das Werk des Künstlers aus seinem Selbst hervorgehe und es ihm wahrhaft Ernst sei, umso mehr, da sein Genie auf einem Moment der Natürlichkeit beruht. Der Künstler muß an seinen Stoff glauben, sein natürliches Selbst ist mit dem Stoff in Einheit, und das Kunstwerk geht aus der ungeteilten Innerlichkeit hervor. Dann kann die Kunst in ihrer Ganzheit vorhanden sein. Eine große Kunstperiode fordert solche Innigkeit. Ein Protestant kann demnach keine Maria malen.

In den weiteren Kreisen der romantischen Kunst ist das Verhältnis anders. Der Stoff ist aus dem Selbst getreten, das Nachdenken ist frei geworden, der Stoff ist äußerlich und der Kunst gleichgültig, sie wird freie, subjektive Geschicklichkeit. Die Kritik ist eingetreten. Der Künstler in seinem Stoff ist eine tabula rasa. Als das Interessante bleibt der Humanus, die allgemeine Menschlichkeit, das menschliche Gemüt in seiner Fülle, seiner Wahrheit. Dies Interesse ist zunächst an keine Gestalt gebunden. Die Kunst ist nun eine Kunst des Scheins, welcher Gegenstand auch behandelt werde. Die Darstellung muß schön sein. Der Künstler ist gleichsam Dramatiker, der fremde Gestalten auftreten läßt, in sie sein Genie legt, sie zum Organ macht, aber so, daß sie ihm zugleich fremde Gestalten bleiben. Abstrakte Geschicklichkeit ist das mo- 120

Es ist die Kunst des Scheinens, die sich zeigt und beweist. Nicht der Gegenstand soll uns bekannt gemacht werden, kein Göttliches soll uns klar werden. Es ist hier das Scheinen, welches hier das Interesse ausmacht, das sich in sich vertiefende Scheinen. Am Schönen ist die Seite des Scheinens hervorgehoben. [S. 200/32]
So ist es nur die Kunst des Scheinens, die sich zeigt, indem das Interesse nicht in den Inhalt als solchen fällt. [S. 202/27]

Witz des Subjektes; das Humoristische schweift gerne nach den Empfindsamen hin. Zu dieser Form greift man leicht, weil der Dichter da keinen Plan, keine objektive Darstellung braucht, sondern bloß von sich spricht, insofern es seine Witze, Gedanken sind. Hiermit hört die Kunst eigentlich auf, humoristische Werke sind eigentlich nicht mehr Kunstwerke. [S. 172]
Das Ende des Romantischen ist somit der Humor. [S. 198/09]

118 Die andere Seite, die ganz subjektive Seite der romantischen Kunst befaßt das Humoristische überhaupt. Es ist da nicht eine Gestalt, die der Künstler hervorbringt, sondern das Subjekt gibt nur sich selbst zu sehen, der Gegenstand, das Objektive, Äußerliche ist das Unbedeutendste, und was sich zeigt, sind die Empfindungen, der

119 Daß es dem Künstler wahrhafter Ernst sei, daß sein Werk aus seinem Selbst hervorgehe, dazu ist die Identität mit dem Stoff nötig, um so mehr, da sein Genie auf einem Moment der Natürlichkeit beruht. Der Künstler muß an seinen Stoff glauben, sein natürliches Selbst ist mit dem Stoff in Einheit, und das Kunstwerk geht aus

derne Verhältnis überhaupt, ungebunden in Bezug auf den Stoff. Damit ist die Kunst vollendet. Sie ist nicht mehr mit dem Stoff in Innigkeit, dieser ist ihr gleichgültig, durch einen Zweck herbeigeführt. Jetzt kann jeder eine Maria malen, wenn er kann.

Die Kunst ist an bestimmte Zeiten gebunden, eine Regierung, ein Individuum kann keine goldene Periode der Kunst erwecken, der gesamte Weltzustand gehört dazu. 121

der ungeteilten Innerlichkeit hervor. Dies ist das Grundverhältnis dafür, daß die Kunst in ihrer Ganzheit vorhanden sei. Eine große Kunstperiode fordert solche Innigkeit. [S. 203/26]

---

120 Zu der Stellung hingegen, zu der wir kamen, ist das Verhältnis anders. Der Stoff ist aus dem Selbst getreten, das Raisonnement frei geworden, der Stoff äußerlich, so daß die Kunst freie, subjektive Geschicklichkeit wird, der der Stoff gleichgültig ist. Die Kritik ist eingetreten; der Künstler in seinem Stoff ist eine tabula rasa; als das Interessante bleibt der Humanus, die allgemeine Menschlichkeit, für das menschliche Gemüt in seiner Fülle, seiner Wahrheit. Aber dies Interesse ist zunächst an keine Gestalt gebunden. Die Kunst in solchem Fall ist gegen den Stoff gleichgültig, es ist eine Kunst des Scheins, welcher Gegenstand auch behandelt werde. Es ist nur das formelle Gesetz vorhanden, daß die Darstellung schön sei. Diese ist mehr allgemein. Der Künstler ist gleichsam Dramatiker, der fremde Gestalten auftreten läßt, in sie sein Genie legt, sie zum Organ macht, so aber, daß sie ihm zugleich fremde sind. Dies dann also ist das moderne Verhältnis überhaupt, abstrakte Geschicklichkeit, ungebunden in betreff des Stoffs. Die dramatische Dichtkunst z. B. neuerer Zeit geht alle Zeiten und Völker durch. Es ist damit die Kunst vollendet. Sie ist nicht mehr mit dem Stoff in Innigkeit; dieser ist ihr gleichgültig. Er ist durch einen Zweck herbeigeführt. [S. 204/01]

---

121 Die Kunst ist somit an bestimmte Zeiten gebunden; eine Regierung, ein Individuum kann eine goldene Periode der Kunst nicht erwecken. Der gesamte Weltzustand gehört dazu. [S. 204/23]

Der besondere Teil

Der BIS HIERHER ausgeführte allgemeine Teil betraf den Gehalt des Kunstwerks, die Natur der Kunstidee, den Inhalt der Idee und bestimmte auf diese Weise die allgemeine Form des Kunstwerks. Die Idee des Kunstwerks tritt in das Reich der Mannigfaltigkeit und zugleich in die Sphäre der Vereinzelung. Der besondere Teil hat es mit der Erscheinung des Kunstwerks zu tun, mit dem Kunstwerk, wie es da ist, wie immer sein Gehalt sein möge. Das Schöne legt seine Glieder auseinander, alle zusammen sind das Gewächs des Schönen. 122

Die Erscheinung der Kunst ist sinnlich. Die sinnliche Seite des Kunstwerks ist für die unmittelbare Anschauung und für die sinnliche Vorstellung. Das Kunstsinnliche ist also doppelt, ist einmal unmittelbar äußerlich und dann noch sinnlich auf eine schon beginnende innere Weise. 123

Das Sinnliche bestimmt sich aus den Sinnen, mit denen wir die Gegenstände aufnehmen, aus dem Gesichtssinn und dem Gehörsinn, und darum haben wir einmal die Künste der Sichtbarkeit, also die bildenden Künste, dann die Tonkunst sowie die Kunst für die Vorstellung, die redende Kunst oder die Poesie. 124

Die bildenden Künste zerfallen ihrerseits wieder in drei Weisen, in Architektur, in Skulptur und in Malerei. Die Architektur erbaut die Umgebung. Das sinnliche Element ist selbst ein rohes, sinnliches Material, an der sich der Geist äußerlich 125

122 Das Schöne legt seine Glieder auseinander, diese zusammen sind das Gewächs des Schönen. [S. 174]
Der besondere Teil hat es mit der Erscheinung des Kunstwerks zu tun. Der erste Teil hatte seinen Gehalt in sich selbst, der zweite ist das daseiende Kunstwerk, es möge der Gehalt sein wie er wolle. [S. 205/08]
Indem aber die Idee des Kunstwerks da seyn soll, so soll sie seyn für die sinnliche Anschauung und Vorstellung. Dadurch tritt sie in das Reich der Mannichfaltigkeit, und zugleich in die Sphäre der Vereinzelung. [S. 185/05]

123 Die Erscheinung der Kunst ist sinnlich, nicht das Element des Gedankens wie in der Philosophie. [S. 205/17]
Das Kunstwerk ist sinnlich, hat eine sinnliche Seite, ist für die unmittelbare Anschauung und auch für die sinnliche Vorstellung. [S. 154]
Es ist schon früher bemerkt, daß das Sinnliche eine gedoppelte Weise hat: sinnliche Anschauung und sinnliche Vorstellung, unmittelbares äußerliches Bewußtsein oder das noch Sinnliche auf eine schon beginnende innere Weise. [S. 205/22]

124 Wir haben hiermit ein Einteilen in drei Arten der Kunst: Künste der Sichtbarkeit, die tönende Kunst und die Kunst für die Vorstellung oder die redende Kunst. Das erste sind die bildenden Künste, die zweite die Tonkunst, die dritte die Poesie. [S. 206/15]

125 Zuerst also haben wir die Architectur, die

reflektiert. Die Form ist Ordnung, Symmetrie und Harmonie, äußerliches Zusammenstimmen, das an sich Ungeistige, nicht das In-sich-selbst-Seiende. Die Skulptur hat den idealen Gott zum Hauptgegenstand, sie ist die ideale Kunst der geistigen Subjektivität. Die Malerei als das Gemütliche, das Subjektive kommt auch in der symbolischen und klassischen Kunst vor, aber ihren wahren Platz hat sie in der romantischen, subjektiven Kunst, wo das Partikuläre hervortritt und das gemalte Bild selbst verehrt wird.

Die Kunst für das Gehör ist einmal Musik, sodann Poesie. Der Ton ist nicht bloß Ton, sondern artikulierter Ton, Ausdruck einer Bedeutung, und auf diese Weise das Mittel, welches auf die Vorstellung wirkt. Die Redekunst, die Poesie ist die absolute wahrhafte Kunst. Sie nimmt alles auf, was sich im Geiste konzipiert hat, sie ist das Tönen mit Inhalt und Erfüllung. Die Kunst der Rede ist zuerst das Epos, dann die subjektive oder lyrische Rede, sodann das Drama mit Musik und mit Gebärde. Hier ist das wirkliche lebendige Individuum, der ganze Mensch selbst die Materie der Darstellung. 126

Die bildenden Künste – Architektur

Die Architektur macht sowohl dem Begriffe nach als auch geschichtlich den Anfang der existierenden Kunst. Sie muß aber 127

bloße Umgebung, das an sich Ungeistige, das bloß im Reflex des Geistigen ist, also bloß äußerlich verbunden. [S. 187/13]
Das sinnliche Element derselben ist selbst ein rohes, sinnliches Material, dem die Form ein Äußerliches und nicht an und für sich selbständig, sondern ein Außereinander ist. Dies sind die Bestimmungen von Symmetrie und Harmonie. [S. 155]
Die zweite Kunst ist die der geistigen Subjektivität in ihrer idealen Weise, die Skulptur, die den idealen Gott zum Hauptgegenstand hat. Das dritte bestimmt sich als das Gemütliche, das Subjektive, das nicht mehr die Idealität der Mitte hat, sondern das Licht ist, welches in sich sich partikularisiert, sich verdunkelt, färbt. Diese Kunst ist die Malerei, welche der romantischen Kunst angehört. [S. 207/08]
Die Malerei ist auch wohl der symbolischen und classischen Kunst eigen, aber ihren wahren Platz hat sie in der romantischen Kunst, in der subjectiven Kunst, wo das Particuläre hervortritt, und wo die Verehrung des gemalten Bildes selbst herrscht. [S. 187/19]

---

126 Der andre ideelle Sinn ist der Sinn des Gehörs. Er ist der Gegensatz des Gesichtssinns. Denn er ist eigentlich der Sinn des Verschwindens des unmittelbaren Daseyns. Dies ist der 2te Sinn für das Kunstwerk. 3tens ist aber der Ton nicht bloß Ton, sondern auch artikulirter Ton, und dies auf Zeichen übertragen, der Ausdruck einer Bedeutung. Diese Zeichen, die zwar sinnlich anfangen, sind die Mittel, welche auf die Vorstellung wirken. Nach diesen Sinnen unterscheiden sich

da betrachtet werden, wo sie wirklich als Anfang schöner Kunst auftritt. Eine Höhle, eine Hütte sind keine architektonischen Anfänge. Architektur ist Einschränkung des maßlosen Raums, ein Partikularisieren des allgemeinen Raums. Geschlossene Umgebung ist der Begriff der Architektur, Begrenzung der organischen Natur. Die Architektur muß zum einen als selbstständiges Kunstwerk angesehen werden, zum anderen aber haben ihre Werke eine Beziehung auf einen Mittelpunkt, auf die Gottheit oder auf den Menschen, dessen Zwecken sie dienen. So können wir die symbolische, die eigentlich schöne oder klassische, die gotische und die Zivil-Baukunst unterscheiden. Die letztere ist von dem Begriffe der Schönheit am meisten entfernt, da die Schönheit der Bequemlichkeit, dem Nutzen und anderen Zwecken unterworfen ist. Daher ist sie ganz wegzulassen.

Die symbolische Baukunst

Die symbolische Architektur steht für sich und ist keinem zweckmäßigen Bedürfnis unterworfen. Sie ist in ihrem größten Stil in Ägypten zu Hause. Die selbstständige Architektur hat den letzten Zweck der Kunst an sich selbst, und deshalb ist sie symbolische Kunst. Sie ist nicht durchdrungen von dem Geistigen. Die Doppelung in ein umschließendes Werk und in ein eigenständiges Gebilde ist noch nicht vorhanden, sondern in 128

die Künste in bildende Kunst, und Kunst für die Vorstellung. [S. 186/16]
Das dritte ist die Redekunst, Poesie überhaupt, und das ist die absolute wahrhafte Kunst. Sie ist das, was alles aufnimmt, was sich im Geiste konzipiert hat, sie ist das Tönen mit Inhalt und Erfüllung. Die Kunst der Rede ist zuerst das Epos selbst, die Rede für sich mit ihrem objektiven oder gegenständlichen Inhalt; das zweite ist die subjektive oder lyrische Rede, mit Musik verbunden; das dritte ist das Drama mit Musik und mit Gebärde; hier ist der ganze Mensch selbst, das wirkliche lebendige Individuum ist hier die Materie der Darstellung. [S. 176]

---

127 Die Architektur ist nur Einschränkung des maßlosen Raums, ein Partikularisieren des allgemeinen Raums. Geschlossene Umgebung ist der Begriff der Architektur, Begrenzung der organischen Natur. [S. 208/23]
Sie muß aber da betrachtet werden, wo sie wirklich als Anfang schöner Kunst auftritt. Eine Hütte, eine Höhle sind keine architektonischen Anfänge. [S. 208/11]
Die Baukunst muß aus 2 Gesichtspunkten betrachtet werden, und diese Unterscheidung ist sehr wichtig. Einmal muß die Architectur angesehen werden, als habe sie die Bestimmung eines selbstständigen Kunstwerks, und dann gehört sie ganz dem Symbolischen an. Das 2te ist, daß die Werke der Architectur nur eine Beziehung haben auf einen Mittelpunkt, auf die Gottheit, oder auf den Menschen, dessen Zwecken sie dienen. So können wir unterscheiden: 1: die symbolische,

dem Architekturwerke selbst liegt der ganze Zweck. Das Werk ist eine unorganische Skulptur, Vermischung von Skulptur und Architektur. Beide Künste sind noch in Einem. Doch muß die Architektur die Skulptur von sich zurückdrängen und sich zum Gehäuse machen.

Die Kunst stellt einen Gedanken dar, sie setzt ihn. Dieser erste Gedanke, diese Vorstellung ist nicht unmittelbar vorhanden, sondern ist schon ein Gedachtes, ein Werk des Menschen. Durch die Kunst wird die Vorstellung auf sinnliche Weise so dargestellt, daß man erkennt, daß das Vorgestellte nicht das Wirkliche, sondern Inhalt der Vorstellung ist. Sehen wir den lebendigen Löwen, so haben wir dieselbe Anschauung wie von einem gemalten, aber der gemalte zeigt uns, daß wir es mit einem vorgestellten, aus dem Menschengeist hervorgegangenen zu tun haben. Der gemalte gibt uns die Vorstellung der Vorstellung. Das Werk der symbolischen Architektur soll für sich zu denken geben, durch seinen Ausdruck allgemeine Vorstellungen erwecken, die noch ganz unbestimmte sein können. Doch soll dem Inhalt nach in diesen architektonischen Darstellungen irgendein Allgemeines liegen, das auch durch die Form am Material sich zu zeigen hat. Die Form darf nicht zum bloßen Zeichen herabgesetzt sein. Monumente, z. B. Kreuze, Verstorbenen gesetzt, Steinhaufen, als Erinnerung aufgehäuft an Schlachten 129

2: die eigentlich schöne oder classische, 3: die gothische, und 4: die Civil-Baukunst. Diese letztere ist von dem Begriffe der Schönheit am meisten entfernt, da die Schönheit der Bequemlichkeit, dem Nutzen, und anderen Zwecken unterworfen ist; daher ist sie ganz wegzulassen. [S. 193/09]

128 Die symbolische oder selbstständige Architectur hat den letzten Zweck der Kunst an sich selbst; und deshalb ist sie symbolische Kunst, sie ist nicht durchdrungen von dem Geistigen, sie ist noch etwas Unorganisches. [S. 193/24]
Solches Werk ist zum Teil symbolisch und vorzüglich eine Vermischung von Skulptur und Architektur. Es ist unorganische Skulptur. Beide Künste sind noch in Einem. Doch muß die Architektur die Skulptur von sich zurückdrängen und sich zum Gehäuse ihrer Gebilde machen. [S. 210/15]

129 Machen wir nun einen näheren Anfang, so ist das erste Bedürfnis der Kunst, daß ein Gedanke darstellig gemacht werde, gesetzt werde. [S. 210/21]
Die symbolische Baukunst ist das erste, was das Bedürfnis der Kunst hervorgebracht hat; ein Werk, dem angesehn wird, daß es vom Menschen gemacht ist und daß es irgendeine Bedeutung für den Geist haben soll. [S. 178]
Zunächst ist zu bemerken, daß das erste Bedürfniß der Kunst, der erste Gedanke, Vorstellung, nicht in der Unmittelbarkeit, wie in der Natur, vorhanden ist, sondern schon ein Gedachtes, ein Werk des Menschen ist. [S. 194/05]
Durch die Kunst wird die Vorstellung nicht durch ein Zeichen dargestellt, sondern auf sinnliche

und anderweitige Begebenheiten, sind auch geeignet, Vorstellungen zu erwecken, aber durch dieses Material kann man an vieles erinnert werden. Der Steinhaufen kann Vieles bedeuten, er ist bloßes Zeichen, unbestimmt, unsinnlich.

Symbolische Bauwerke sind nicht bloße Zeichen, sondern sie sind für sich selbst bedeutend, haben je symbolische Selbständigkeit. Am Turm zu Babel arbeitete die Gesamtheit damaliger Völker, und wie sie alle sich vereinten, das eine Werk zu vollbringen, war dies das Band, das sie aneinander knüpfte, wie uns die Gesetze. Dieser sich zu den Wolken erhebende Bau ist die Realisierung, die Wirklichkeit einer Gemeinschaftlichkeit. Anders beim Tempel des Bel, der kein abstrakter Vereinigungspunkt war, sondern ein konkreter der Religion, die Zahl Sieben und das Würfelhafte sind an ihm bemerkenswert. Bei den vollständigen Konstruktionen der Memnonen und Obelisken ist das, was der Skulptur angehört, einer Architektur unterworfen und das Symbolische ist die Hauptsache. Der ägyptische Tempel ist kein mit einem Dach versehenes Gebäude, sondern ein von Mauern umschlossener Bezirk, Architektur und Skulptur sind vermischt. In diesen Tempeln ist der Zweck nicht die Umschließung, sondern die Aufregung des Gemütes, Staunenerregung, Erweckung einer Welt von Vorstellungen. Vieles in der Anlage solcher Bauten ist durch Zahlen ausdrücklich sym- 130

Weise. Einerseits soll also der Inhalt vorhanden sein, andererseits so, daß man erkenne, der Inhalt sei nicht das Wirkliche, sondern als Inhalt der Vorstellung. Sehen wir den lebendigen Löwen, so haben wir dieselbe Anschauung wie von einem gemalten, aber dieser zeigt uns, daß wir es mit einem vorgestellten, aus dem Menschengeist hervorgegangenen zu tun haben. Der gemalte gibt uns die Vorstellung der Vorstellung. [S. 210/28]
Das Werk nun der für sich selbständigen Architektur soll für sich zu denken geben, durch seinen Ausdruck allgemeine Vorstellungen erwecken, die im übrigen hier noch können ganz unbestimmte sein. Doch soll dem Inhalt nach in diesen architektonischen Darstellungen irgendein Allgemeines liegen, das auch durch die Form am Material sich zu zeigen hat. Doch darf die Form nicht zum bloßen Zeichen herabgesetzt sein. Monumente, z. B. Kreuze, Verstorbenen gesetzt, Steinhaufen, als Erinnerung aufgehäuft an Schlachten und anderweitige Begebenheiten, sind auch geeignet, Vorstellungen zu erwecken; aber durch dieses Material kann man ebensogut an vieles andere erinnert werden. [S. 211/16]

130 Die erste Gestaltung, die uns auch geschichtlich in dieser Reihe entgegentritt und zum Inhalt ein Allgemeines, ein Vereinendes hat, ist der Turm von Babel. [S. 212/07]
Die Gesamtheit damaliger Völker hat an ihm gearbeitet; und wie sie alle sich vereinten, das eine Werk zu vollbringen, war dieses das Band, das sie, wie uns die Gesetze, aneinander knüpfte. [S. 212/18]

bolisch bestimmt, und oft haben die Konstruktionen zugleich noch einen astronomischen Zweck. Die Werke über der Erde in Ägypten sind stupende, stupender noch sind die unter der Erde. Zwar gibt es da auch Höhlen zum Wohnen, aber der allgemeine Zweck ist der von religiösen Räumen.

In Indien, Ägypten, Phrygien, Syrien wurden Naturwesen in ihrer Unmittelbarkeit göttlich verehrt, ebenso die allgemeine Lebenskraft der Natur. Die Bilder dieser allgemeinen Kraft waren dann auch die animalischen Glieder der Zeugung, männliche und weibliche, und ihre Verehrung ist bekannt unter dem Namen des Dienstes des Phallus und des Lingam. Das Innerste des Tempels enthält solche Bilder als ungeheure Säulen aufgerichtet. 131

Die klassische Baukunst

Raumabgrenzung, Raumumschließung ist der Zweck der Baukunst, und das Haus ist das Knochengerüst dieser Kunst, keine symbolische Form und keine Mischung mit der Skulptur. 132

Die klassische Baukunst kommt vom Holzhaus her, vom Haus mit vier Pfosten und mit Wänden, die ein Dach tragen. Das steht der symbolischen Architektur absolut gegenüber, denn beim Haus gelten die Zweckmäßigkeit und das Bedürfnis. Das Haus der klassische Architektur aber ist Raumabgrenzung für ein Geistiges, Göttliches, das sie beherbergend umschließen und schützen will. Es ist Gotteshaus, Tempel. Die Architek- 133

Herodot spricht von einem Tempel des Bel; wie dieser sich zum biblischen Turm verhält, lassen wir unerörtert. [S. 212/21]
Der ganze Turm nun also ist kein abstrakter Vereinigungspunkt, sondern ein konkreter der Religion. [S. 213/04]
Die Memnonsäulen also durch ihre Näherung an das Unorganische fallen der Architektur zu. – In engerer Verbindung mit ihnen stehen die Obelisken; vollständige Konstruktionen ohne menschliche Gestalt. [S. 214/22]
In dieser ganz freien architektonischen Weise, wo das, was der Skulptur angehört, einer Architektur unterworfen ist, ist das Symbolische, Bedeutende die Hauptsache selbst. [S. 163]
Es ist also in diesen Tempeln der Zweck nicht die Umschließung, sondern die Aufregung des Gemütes, Staunenerregung, Erweckung einer Welt von Vorstellungen. [S. 216/23]
Die Werke über der Erde in Ägypten sind stupende, stupender die unter der Erde. Höhlen sind einerseits hier, zum Bedürfnis dienend, Wohnungen. [S. 217/08]

---

131 In Indien wurden wie auch in Ägypten Naturwesen in ihrer Unmittelbarkeit göttlich verehrt. Auf gleiche Weise die allgemeine Lebenskraft der Natur. Und diese Verehrung zog sich auch bis nach Phrygien, Syrien unter dem Bilde der großen Göttin, der befruchtenden Mutter. Auch Griechenland nahm diese Vorstellung auf. Das Bild dieser allgemeinen Kraft waren dann auch

tur, jetzt für sich frei und vom Symbolischen gelöst, wird umschließendes Mittel, und die Form wird eine abstrakte Form. Die Verstandesbestimmungen, besonders die gerade Linie, das Rechtwinklige, der Kreis treten auf. Diese Formen gehören dem Unorganischen an und treten als abstrakte Regelmäßigkeiten an dieser Architektur hervor. Die äußerlichen Verhältnisse sind nach Zahl und Größe bestimmt, die Schönheit ist hier überwiegend in der strengen und äußerlichen Regelmäßigkeit und in einem Anflug vorhanden, den man Musik der Verhältnisse nennen kann.

Die Zweckmäßigkeit regiert in dieser Kunst, und somit treten statt des Organischen die Linien des Verstandes ein, die geraden, die regelmäßigen und als die einfachste Neigung die rechtwinklige. Die Schönheit besteht hier in der strengen Zweckmäßigkeit. Die Gestalten der klassischen Baukunst haben aber viel mehr als bloß die abstrakten Bestimmungen des Verstandes in sich. Die klassische Baukunst lässt die Naturgestalt nicht wie sie ist, sondern sie gibt ihr eine eigene Kunstbestimmtheit, fordert und erfordert die Umbildung des Natürlichen ausdrücklich. Die Kunst soll und kann die Natur nicht in ihrer Unmittelbarkeit lassen. Sie wirft das von der Natur Herkommende weg, das eigentümliche Organische verschwindet und ist nur noch als ein Anklang in den jetzt vorherrschenden verständigen Bestimmungen enthalten. 134

die animalischen Glieder der Zeugung, männliche und weibliche, und ihre Verehrung ist bekannt unter dem Namen des Dienstes des Phallus und des Lingam. Das Innerste des Tempels nun enthält solche Bilder als ungeheure Säulen aufgerichtet. [S. 213/23]

---

132 Raumabgrenzung, Raumumschließung ist der Zweck dieser Kunst; das Haus somit ihr Knochengerüst. [S. 221/11]
Zugleich tritt hier zugleich der Begriff des Hauses ein. [S. 201/03]

---

133 Das Haus aber, welches die klassische Architektur sich erbaut, ist Raumabgrenzung für ein Geistiges, Göttliches, das sie beherbergend umschließen, schützen will. Das Haus der Architektur ist somit das Gotteshaus, der Tempel. [S. 221/20]
Indem die Architektur für sich frei wird, wird sie zu einem umschließenden Mittel herabgesetzt, und die Form wird in sich selbst äußerlich, eine abstrakte Form, nicht das Geistige. Es treten damit die Verstandesbestimmungen als Form auf, besonders die gerade Linie, das Rechtwinklige, der Kreis. Diese Formen gehören dem Unorganischen an und treten als abstrakte Regelmäßigkeiten an dieser Architektur hervor. [S. 164]
Die Verhältnisse sind nach Zahl und Größe bestimmt, die Schönheit ist hier überwiegend vorhanden in der strengen und äußerlichen Regelmäßigkeit und in einem weiteren Anflug, den man Musik der Verhältnisse nennen kann. [S. 184]

Die klassische Baukunst vermittelt das Organische mit dem Zweckmäßigen, die schöne Architektur findet zwischen dem Organischen und der bloßen Verständigkeit des Bedürfnisses die Mitte. Die Zweckmäßigkeit macht aus einer Säule einen Träger, ein bloß Dienendes, dagegen fordert eine Säule eine Basis und ein Kapitell. Man kann sagen: Es rühre vom Ursprung aus dem Pflanzenreich her, aber man kann ebenso gut sagen, die Säule selbst fordere dergleichen. Ein Pfosten, ein Balken ist einerseits geradlinig, andrerseits hat er seine bestimmte Länge und hört auf, ist zu Ende. Das Organische hört nie bloß auf, sondern setzt die Reflexion der beiden Enden, es endigt sich selbst auf konkrete Weise von innen heraus. Sicherlich ist kein Punktum nötig, wenn ein Buch aus ist, aber man fügt ihn hinzu, um objektiv zu machen, daß es aus sei. So ist es auch mit der Säule. Sie soll nicht zufällig aus sein, sondern sie soll bestimmt aus sein. Die Basis und das Kapitell haben nun aber nicht die Bestimmung, ihren Ursprung aus dem Vegetabilischen zu zeigen, sondern sie sollen zeigen, daß die Säule nicht ein bloßer Stecken ist, daß Anfang und Ende nicht bloß da sind. Es soll auch ausgedrückt sein, daß sie nicht willkürlich in der Erde steckt oder wohl gar noch unter der Erde fortgeht, sondern daß sie Enden haben solle, daß sie endet. 135

Das Getragene und das Tragende bedarf des Verbindens für 136

---

134 Das Regierende dieser Kunst ist die Zweckmäßigkeit, und somit treten statt des Organischen die Linien des Verstandes ein, die geraden, die regelmäßigen und als die einfachste Neigung die rechtwinklige. In der strengen Zweckmäßigkeit besteht hier die Schönheit. [S. 220/30]
Sie lässt nun allerdings die Naturgestalt nicht wie sie ist, sondern sie gibt ihr eine eigene Kunstbestimmtheit, verwandelt sie nach ihren Zwecken. [S. 220/01]
Gerade die klassische Baukunst hat dieses Charakteristische: das von der Natur Herkommende wegzuwerfen und als Nebensache zu setzen, so daß das eigentümliche Organische verschwindet und nur als ein Anklang in den verständigen Bestimmungen enthalten ist. [S. 220/18]

135 Die schöne Architektur ist dies, daß zwischen dem Organischen und der bloßen Verständigkeit des Bedürfnisses die Mitte sich findet. [S. 219/15]
Die Frage ist nun, warum fordert die Säule eine Basis und ein Kapitell? – Man kann sagen: Es rühre vom Ursprung aus dem Pflanzenreich her. Aber man kann ebensogut sagen, die Säule fordere dergleichen. Ein Pfosten ist oben und unten aus; es ist kein Punktum nötig, wenn ein Buch aus ist, aber man fügt ihn hinzu, die Reflexion, daß es aus sei, objektiv zu machen. So ist es mit der Säule. Bei ihr will man sagen, es sei nicht zufällig, daß sie dort aus sei, sondern sie solle dort aus sein. Das Organische endigt sich selbst auf konkrete Weise, es ist ein Aussein von innen heraus. [S. 224/19]

Halt und Festigkeit, und dieses Verhältnis ist in der Form zu entfalten. Das Getragene läuft in eine Spitze aus und zeigt, dass es nicht trägt, und das Tragende endet somit in der Höhe. Die Umschließung als Wand oder Mauer ist ein Vermischtes, Tragendes und Verbundenes in einem. Eine Säule trägt, das Mechanische waltet vor, ein Tragendes wird rechtwinklig unter das gestellt, was es trägt. Die Schwere ist Herrscherin und muß als solche erscheinen, dabei darf der Träger weder zu schwach noch zu stark sein. Indem aber in der Reihe mehrere Säulen dasselbe tragen, ist dieses Tragen im Balken zugleich ihr Gemeinschaftliches, Verbindendes. Die Säulenreihe bringt die Bestimmung des Tragens und Getragenwerdens rein zur Anschauung. In der griechischen Architektur spielt die Säule eine ausgezeichnete Rolle. Die beiden Bestimmungen, das Haus als Umschließung und das Getragenwerden durch Säulen sind in der griechischen Architektur unterschieden, jedes tritt sowohl für sich hervor als auch beide in Verbindung. Auch in dem Verhältnis von Breite und Höhe bestimmt das Materielle, das sich Ausbreiten ist leichter als das in die Höhe Streben.

Der klassischen Baukunst liegt der Holzbau zu Grunde. Der Baum entspricht schon der Bestimmung des Pfostens, dagegen ist der Stein von Haus aus unförmig und nicht zweckmäßig für die Baukunst. Er muß erst zugerichtet werden. Der Steinbau 137

Ein Balken z. B. ist einerseits geradlinig, andrerseits hat er seine bestimmte Länge, hört unten und oben auf. Vergleichen wir damit das Organische, so hört dies nicht bloß auf, sondern setzt die Reflexion der beiden Enden. [S. 219/10]
Die Basis und das Capital haben aber nicht die Bestimmung, ihren Ursprung aus dem Vegetabilischen zu zeigen; sondern sie sollen zeigen, daß die Säule einen Anfang und Ende habe, nicht ein bloßer Stecken ist, daß Anfang und Ende nicht bloß da sind, sondern auch ausgedrückt ist, daß sie nicht willkürlich in der Erde steckt, oder wohl gar noch unter der Erde fortgeht, sondern daß sie da ein Ende haben solle. [S. 202/24]

rechte Winkel bleibt eine Hauptbestimmung. Ein Tragendes wird rechtwinklig unter das gelegt, was es trägt. [S. 223/12]
Die Schwere ist Herrscherin und muß als solche erscheinen. [S. 223/06]
In der griechischen Architektur spielt die Säule eine ausgezeichnete Rolle, und die beiden Bestimmungen, das Haus als Umschließung und das Getragenwerden durch Säulen als Bedeckung sind in der griechischen Architektur verschieden. [S. 166]
Sieht man das Gebäude, dessen Höhe geringer als die Breite ist, so sieht man, daß das sich Ausbreiten das Leichtere ist. [S. 223/24]

---

136 Das Vorwalten des Mechanischen muß sich auch in den weiteren Bestimmungen zeigen. Der

137 Bei der klassischen Baukunst ist der Holzbau zum Grunde gelegt. Der Stein hat von Haus aus

hätte Vieles vom Holzbau entbehren können, aber der Steinbau behielt meistens die Prinzipien bei, die er vorfand. Er soll ein Vielgefügiges, ein vom Menschen Gemachtes darstellen.

138 Die architektonischen Momente des Tempels sind also erstens das Tragende als Säulen in Reihen oder Gruppen, zweitens das Umschließende als für das von festen Mauern umgebene Innere, drittens das Verbindende als der, die Säulen verbindende Balken und viertens das Getragene als Kranzgesims für das bedeckende Fünfte, das Dach.

Die gotische oder romantische Baukunst

139 In der gotischen Baukunst vereinigt sich die selbständige Baukunst mit der klassischen, ihr Werk ist die Kathedrale. Sie ist Haus und als solches zudem symbolisch. Die gotische Baukunst ist die eigentümlich christliche Baukunst, ihr liegt das ganz geschlossene Haus zu Grunde. Im Christentum zieht sich der Geist des Menschen in sich selbst zurück, geht von der Außenwelt ab, wenn er sein Gemüt zur Andacht sammelt, und so ist die gotische Kirche ganz geschlossen und versammelt die christliche Gemeinde auf einen Punkt.

140 Der Typus für das Gotische ist wieder die Naturform, die hier Form des feierlichen Umschließens, der Sammlung ist. Die Form ist das Gewölbe eines Waldes, das Schauerliche und doch

etwas Unförmliches, das in seiner eigenen Bestimmung nicht Zweckmäßigkeit in Beziehung auf die Baukunst hat; der Baum aber entspricht sogleich der Bestimmung des Pfostens. [S. 166]
Der Steinbau hätte von mehreren dieser Teile entbehren können, deshalb fällt in der korinthischen Ordnung manches fort. Aber der Steinbau behielt meistens die Prinzipien bei, die er fand. Denn er soll ein Vielgefügiges, vom Menschen Gemachtes darstellen. [S. 225/28]

…

139 Die gotische Baukunst ist die eigentümliche christliche; das ganz geschlossene Haus liegt bei ihr zum Grunde. Im Christentum zieht sich der Geist des Menschen in sich selbst zurück; wenn er sein Gemüt zur Andacht sammelt, geht er von der Außenwelt ab. So ist die gotische Kirche ganz geschlossen, sie soll die christliche Gemeinde auf Einen Punkt versammeln. [S. 169]

---

140 Der Typus für das Gotische ist wieder die Naturform, welche hier eine Form sein muß des feierlichen Umschließens, der Sammlung. Die Form ist das Gewölbe eines Waldes, das Schauerliche, zur Betrachtung Einladende. [S. 227/08]
Die gotische Säule kommt dem Baum nahe, und weil sie nicht den ausschließlichen Charakter des Tragens hat, nähert sie sich an das und verbindet in sich das Symbolische. [S. 170]
Die Säulen und Säulengänge sind hier nach innerhalb des Tempels verlegt; die Säule hat hier einen ganz anderen Charakter als in der klassischen Kunst; sie hat zu ihrer Bestimmung dieses Empor-

zur Betrachtung Einladende. Die gotische Säule kommt dem Baum nahe, und hat nicht den ausschließlichen Charakter des Tragens, wie die klassische Säule, sie nähert sich dem Symbolischen und bindet es in sich. Die gotische Säule erscheint, als ob sie nicht tragen müsste, ihre Bestimmung ist das Emporstreben. Sie ist nicht rund, die Teilung, die oberwärts auseinander schlägt, beginnt schon unten. Sie selbst und die Zeichnung an ihr haben nicht den Charakter des Ruhens, sondern den Charakter des In-die-Höhe-Strebens, und das Emporstreben lädt ein zum Erheben. Die Säulen und die Säulengänge sind ins Innere des Tempels verlegt.

141 Bei dieser Bauart tritt der Kontrast zwischen dem Ungeheuren der Konstruktion und dem Kleinlichen der Verzierungen auf, und dieser Widerspruch ist der Stimmung des Schmerzes und der Sehnsucht angemessen, in die das Gemüt in solchen Bauten versetzt werden muß. Es ist eine Zweckmäßigkeit für das Gemüt, für die Empfindung, das Erhabene und das Vertiefen des Subjekts in sich selbst werden bezweckt. Das ist nicht bloß verständig, nicht bloß bedacht, es ist kein Schachtelwesen wie unsere Kirchen, die nur da sind, um von Menschen ausgefüllt zu werden und nichts als Stühle – wie Ställe – haben. Die gotischen Kirchen sind Werke für sich, die Menschen verlieren sich darin wie Punkte, der Bau steht da, für sich fest und ewig. Über den

streben, verliert den eigentlichen Charakter des Tragens, und sie ist so angebracht, als ob sie nicht trüge. [S. 189]
Die Säulen selbst sind dann im Charakter des Emporstrebens nicht rund, sondern unten an ihnen beginnt schon die Teilung, in der sie oberwärts sich auseinander schlagen. Die Säulen selbst also, die Zeichnung an ihnen, haben den Charakter nicht des Ruhens, sondern des In-die-Höhe-Strebens. [S. 227/29]

141 Bei dieser Bauart sind die 2 Contraste angebracht, das Ungeheure der Construction, und das Kleinliche der Verzierungen. Dieser Widerspruch ist angemessen der Stimmung des Schmerzes, der Sehnsucht, in die das Gemüth in solchen Bauten versetzt werden muß. [S. 206/12]
Es ist eine Zweckmäßigkeit für das Gemüt und die Empfindung; das Erhabene und das Vertiefen des Subjekts in sich selbst wird bezweckt. [S. 171]
Es ist da kein bloß verständiges Verhältnis mehr, es ist kein Schachtelwesen wie unsere Kirchen, die nur sind, von Menschen ausgefüllt zu werden, nichts als Stühle – wie Ställe – haben. Die gotischen Kirchen sind Werke für sich, die Menschen verlieren sich darin wie Punkte. Der Bau steht da, für sich fest und ewig. Es sind da keine Stühle, keine Bänke. Die Menschen streifen nomadisch in diesen Weiten umher. [S. 226/29]
Diese Selbständigkeit, das Für-sich-Hinaufstreben und – Dastehen – über den Zweck hinaus, für Menschen zu dienen, – ist der Hauptcharakter. [S. 226/27]

Zweck hinaus, für Menschen zu dienen, ist der Hauptcharakter der gotischen Kirchen die Selbständigkeit, das Für-sich-Hinaufstreben und Für-sich-Dastehen. Es sind da keine Stühle, keine Bänke. Die Menschen streifen nomadisch in diesen Weiten umher, sie verlieren sich mit ihrem Treiben in diesem Grandiosen. Darin wird das Momentane des Einzelnen, sein Vorüberfliehen sinnlich dargestellt. In solchen Kirchen herrscht beständig ein großes und bewegtes Leben, mehr als ein religiöser Akt werden zur gleichen Zeit vorgenommen. Der katholische Gottesdienst gehört zu diesen Gebäuden. Überall ist ein anders: hier Prozession, dort Gebet, dort wird ein Kranker gebracht. Die Kirche ist gleichsam ein Ort für ein großes Volk. Nichts füllt das Ganze. Die Gemeinde wird kein Selbstzweck, kein Ganzes, das Subjekt vertieft sich in sich selbst.

Die bildenden Künste – Skulptur

In der Skulptur äußert sich der Geist in einer schweren Materie, und deshalb ist sie beschränkt. Die Rede kann als das wesentlich geistige Material alles beschreiben, und was sie nicht ausdrückt, braucht die Phantasie nur zu ergänzen. Aber das Material der bildenden Kunst ist noch ein Ungeistiges, sie ist in der Äußerlichkeit. Auf äußere Weise ist der Geist nur in der menschlichen Gestalt vorhanden, deshalb kann die Skulptur ihn 142

Die Menschen mit ihrem Treiben verlieren sich in diesem Grandiosen. Das Momentane des Einzelnen, sein Vorüberfliehen, wird darin sinnlich dargestellt. [S. 228/11]
In solchen Kirchen herrscht beständig ein großes und bewegtes Leben, mehr als ein religiöser Akt werden zur gleichen Zeit vorgenommen; die Kirche ist gleichsam ein Ort für ein großes Volk. [S. 170]
Der katholische Gottesdienst gehört zu diesen Gebäuden. Überall ist ein anders: hier Prozession, dort Gebet, dort wird ein Kranker gebracht. Nichts füllt das Ganze. Die Gemeinde wird kein Selbstzweck, kein Ganzes. [S. 228/14]

142 Die bildende Kunst ist überhaupt in dem Elemente der Äußerlichkeit, sie hat nicht zum Material die Rede, sondern ihr Material ist noch ein Ungeistiges. Die Rede, als das wesentlich geistige Material, kann alles beschreiben, und was die Zeichen der Rede nicht ausdrücken, braucht die Phantasie nur zu ergänzen. Hier bedarf es nicht der vollständigen Bestimmtheit. [S. 208/15]
Die Skulptur aber stellt den Geist in unmittelbarer Materialität dar, in vollständiger Räumlichkeit. Man kann also sagen, hier werde der Geist dargestellt, wie er ist. [S. 229/10]
Der Geist kann aber in keiner anderen Gestalt vorgestellt werden als in der menschlichen, der einzigen, in der der Geist auf äußere Weise vorhanden ist. Es ist dies dann Nachahmung der Natur, denn diese selbst hat zufälligerweise die menschliche Gestalt zur Wohnung für das Geistige genommen. [S. 171]

nur in der menschlichen Gestalt vorstellen. Es ist dies dann Nachahmung der Natur, denn die Natur selbst hat die menschliche Gestalt zur Wohnung für das Geistige genommen. Die lebendige Gestalt gehört der Natur an. Den Grundtypus erfindet der Künstler nicht, er ist ihm gegeben.

Die Menschen sind nie ohne Empfindung: sie sind selbstgefällig, drohend, trotzend, verlegen, also in irgendeinem partikularen Verhältnis. Bei der Skulptur ist die partikulare Subjektivität, somit jeder Ausdruck einer Empfindung ausgeschlossen. Die substantielle Individualität als seiende wird dargestellt. Deshalb ist die Skulptur mehr als jede andere Kunst auf das Ideale angewiesen, und ihr Gegenstand ist dem Inhalt nach das Ideal, das Ewige, unverwickelt in das Zeitliche und Akzidentelle. Der Geist erscheint ohne den Ausdruck der Empfindung, die Gestalt zeigt sich ohne Miene. Wir müssen den Werken der klassischen Skulptur den Ausdruck der Göttlichkeit zugestehen. Selbständige Ruhe, das Geschlossensein des Gottes in sich ist die wesentliche Bestimmung dieser Skulpturwerke. Taten, Handlungen und Empfindungen, wie auch alles dem Schönen nicht Angehörige, alle Leidenschaften, Zorn, Hochmut, Wut sind daraus verbannt. Die Skulptur drückt den Geist also nicht in einer Reihe von Handlungen aus, woraus der Charakter ersehen werden könnte, sondern sie drückt den Geist in der Ruhe der Gestalt 143

Den Grundtypus erfindet der Künstler nicht, sondern er ist ihm gegeben. Die lebendige Gestalt hat der Mensch nicht erfunden, sondern gefunden. Sie gehört der Natur an. [S. 234/01]

---

143 Die Menschen sind nie ohne Empfindung: sie sind selbstgefällig, drohend, trotzend, verlegen, (d. h.) in irgendeinem partikularen Verhältnis. Bei der Skulptur zunächst aber ist die partikulare Subjektivität und somit der Ausdruck der Empfindung ausgeschlossen. Es ist die substantielle Individualität, die dargestellt wird als seiende. [S. 232/18]
Deshalb ist die Skulptur mehr als jede andere Kunst auf das Ideale angewiesen. Der Gegenstand ist auch dem Inhalt nach das Ideal, das Ewige, unverwickelt in das Zeitliche und Akzidentelle, die reine Subjektivität. [S. 233/10]
Der Geist hat ohne den Ausdruck der Empfindung zu erscheinen, die Gestalt zeigt sich ohne Miene. [S. 232/04]
Diese selbständige Ruhe, das Geschlossensein des Gottes in sich, ist die wesentliche Bestimmung der Skulpturwerke. Taten, Handlungen und Empfindungen sind daraus verbannt, wie auch alles dem Schönen nicht Angehörige, alle Leidenschaften, Zorn, Hochmut, Wut. [S. 172]
Die Skulptur drückt also nicht den Geist in einer Reihe von Handlungen aus, woraus der Charakter ersehen werden könnte, sondern sie drückt den Geist in der Ruhe der Gestalt aus. [S. 209/10]
Die griechischen Skulpturbilder dagegen sind die schlechthin idealen, von ihnen müssen wir das Ideale lernen, sie sind unerreicht. [S. 239/26]

aus. Die griechischen Skulpturbilder sind die schlechthin idealen, von ihnen müssen wir das Ideale lernen, sie sind unerreicht. Wie sind diese Formen der Räumlichkeit im Einzelnen zu bestimmen, damit sich der Geist als schön zu erkennen gibt, denn nicht alle Glieder sind fähig, das Geistige auszudrücken? Zum Ausdruck des Inneren, des Geistigen taugen das Gesicht, die Stellung des Kopfes und die Stellung des Körpers. Dies zeigt ein Vergleich der ägyptischen mit der griechischen Skulptur. Die Ägypter sind zwar kunstfertig und geschickt, aber bei ihnen ist das Ideale noch nicht vorhanden. Die ägyptische Skulptur ist starr, noch nicht individualisiert, sie kann Inneres nicht ausdrücken, sie folgt keinem Ideal. Die griechischen Skulpturbilder dagegen zeichnen sich durch die Freiheit der Lebendigkeit und der Stellung aus. Sie sind freie Konzeptionen des Künstlers, nicht Darstellung des Hergebrachten. Alles ist bis zur Lebendigkeit bestimmt, deren Zauber liegt in der Genauigkeit des Details. Als Erstes begegnet uns eine bestimmte Verbindung der Nase und Stirn: das griechische Profil. Sodann der Mund der neben dem Auge der schönste Teil des Gesichts ist. Beim Menschen bezieht sich der Mund nicht auf Speise und Nahrung, sondern er ist Sitz der Sprache und von ihm geht die Mitteilung aus. Eine weitere wesentliche Bestimmung ist, daß das Skulpturbild ohne Auge ist. Der Blick ist das Seelenvollste, und dieses Seelenvollsten ent- 144

---

144 Wenn das Skulpturwerk, das die menschliche Gestalt zugrundeliegen hat, zeigen soll, wie sie das Göttliche überhaupt ausdrückt, so hätte man zu entwickeln, welche Teile, welche Züge, Gestaltungen derselben einer bestimmten Innerlichkeit entsprechen. Zu solchem Studium werden wir durch die alten Werke veranlaßt; wir müssen ihnen den Ausdruck der Göttlichkeit zugestehen und außerdem den Ausdruck der besonderen Charaktere dieser Göttlichkeit. [S. 235/25]
Sie zeichnen sich aus durch die Freiheit der Lebendigkeit und der Stellung. Sie sind freie Konzeptionen des Künstlers, nicht Darstellung des Hergebrachten. Alles ist bis zur Lebendigkeit bestimmt, deren Zauber in der Genauigkeit des Details liegt. [S. 239/29]
Das Erste, was in dieser Rücksicht uns begegnet, ist das griechische Profil, eine bestimmte Verbindung der Nase und Stirn. [S. 240/12]
Der Mund ist neben dem Auge der schönste Teil des Gesichts, Sitz der Sprache und des Mitteilens und nicht bloß Sitz der Bedürfnisse.[S. 203]
Beim Menschen bezieht sich der Mund nicht auf das Bedürfnis der Speise und der Nahrung allein, sondern von ihm geht die Mitteilung aus und macht insofern einen Mittelpunkt in der Physiognomie aus. [S. 178]
Eine weitere wesentliche Bestimmung ist: daß das Skulpturbild auch ohne Auge ist. [S. 194]
Der Blick ist das Seelenvollste. Dieses Seelenvollsten entbehrt die Skulptur. Dies kann als Unvollkommenheit erscheinen. [S. 242/11]
Aber nach dem Charakter der Skulptur muß sie

behrt die Skulptur. Dies ist nicht Unvollkommenheit, die Skulptur muß des Blickes entbehren, weil sie soll und kann nicht bis zur Subjektivität fortgehen. Daher ist es ganz konsequent, daß die Skulptur den Blick nicht zu erfassen sucht, obwohl es den Künstler viel kostet, das Auge auszulassen, diesen ersten Punkt der Identität zwischen den Menschen, diesen Punkt des ersten Auffassens. Das Göttliche in seiner Stillen Größe schaut nicht nach außen. Man will auch nicht in das Skulpturbild hineinsehen, es ist ganz in sein Dasein ergossen, es ist ganz das, was es ist, es ist kein anderes Äußerliches und Innerliches vorhanden. Deshalb hat der Künstler die Geistigkeit in dem Ganzen der Gestalt auszudrücken, und in ihr die Vorstellung eines Ganzen hervorzubringen. Es kann noch ein weiteres Austreten der Gestalt in die Äußerlichkeit erwähnt werden wie Waffen, Geräte und andere Sachen, die zur Tätigkeit des Menschen dienen.

Bei der Bestimmung der göttlichen Individualität fallen eine Menge Kategorien weg, die wir gebrauchen müssen, wenn wir die menschliche Individualität ausdrücken. Moralische Eigenschaften haben hier keinen Platz, und was sich auf die Innigkeit bezieht, also Demut, Ergebenheit, Unterwerfung und dergleichen sind in diesen göttlichen Individuen auch nicht vorhanden. Der Unterschied zwischen männlichen und weiblichen Individuen fällt sofort auf. Dem Männlichen gehört Hoheit, 145

des Blickes entbehren, denn sie soll nicht bis zur Subjektivität, die sich als Subjektivität setzt, fortgehen. Daher ist es ganz konsequent, daß die Skulptur den Blick nicht zu erfassen sucht. [S. 242/16]
Bei den wahrhaft klassischen Gebilden fehlt das Auge, wenigstens der Augenstern. Dieser kann zwar angedeutet werden in dem Augapfel, wie dies zuweilen geschieht; aber dies ist doch nur die äußerliche Gestalt des Auges, es ist nicht das belebte Auge, nicht der Blick der Seele, weil die Skulptur die Subjectvität an und für sich entbehrt. Daher muß es den Künstler viel kosten, den wesentlichen Punkt der Subjectivität, das Auge, auszulassen, diesen ersten Punkt der Identität zwischen den Menschen, diesen Punkt des ersten Auffassens. [S. 209/19]
Das Göttliche in seiner Stillen Größe schaut nicht nach außen. Man will auch nicht in das Skulpturbild hineinsehen, es ist schon ganz, was es sein soll, schon ganz in sein Dasein ergossen. [S. 173]
Es ist ganz das, was es ist, es ist kein anderes Äußerliches und Innerliches vorhanden. [S. 195]
Deshalb hat der Künstler die Geistigkeit in dem Ganzen der Gestalt auszudrücken, und darin die Vorstellung eines Ganzen hervorzubringen. [S. 209/27]
Es kann noch eines weitern Austretens der Gestalt in die Äußerlichkeit erwähnt werden, und dies sind Waffen, Geräthe und andere Sachen, die zur Beziehung der Thätigkeit des Menschen auf andere, dienen. [S. 225/12]

145 Bei der Bestimmung dieser göttlichen Individualität fallen eine Menge Kategorien weg, die wir gebrauchen müssen, wenn wir die menschliche

Würde, Kraft, Vollbringung schwerer Werke, das Sinnende an. Zwar findet man auch beim Weiblichen das Sinnende, dann aber das Weiche, Frohe, Heiterkeit, die auch mit Zügen von Trauer verknüpft ist, wie ein Lächeln in Tränen, dann die Heiterkeit, die gesteigert ist bis zur Gleichgültigkeit, Genuß, Feinheit, herüber bis zum Liebreiz. Die menschlichen Bedürfnisse sind vom hohen Götterkreise ausgeschlossen, sie sind in den Kreis der Faune und Satyrn verlegt. Auf ägyptischen und indischen Bildern werden Götter von Göttinnen gesäugt, griechische Göttinnen sind immer kinderlos dargestellt, die Mutter, die ihr Kind stillt, kommt nicht vor. Einer Juno, Pallas oder andern in Marmor einen Sohn zuzugesellen, wäre entwürdigend. Selbst Venus macht ihr Gürtel zur beständigen Jungfrau. In der Skulptur kommt die objektive Substantialität zur Anschauung, sie braucht das Ideal und ist gleichzeitig die vollendete Weise, es zur Anschauung zu bringen.

Beim Übergang zum eigentlich idealen Stil beginnt die Kunst, ihren Gegenstand so darzustellen, wie der Geist sich ihn vorstellt, nicht wie er unmittelbar ist. Von einem Gegenstande kann auf sehr unvollkommene Weisen eine Vorstellung gegeben werden: Kinder geben zeichnend die Vorstellung höchst ungeschickt wieder und unvollkommene symbolische Produktionen ringen nur überhaupt nach der Darstellung. Die Frömmigkeit ist mit 146

Individualität ausdrücken. Moralische Eigenschaften haben hier keine Stelle, auch ist nicht vorhanden, was sich auf die Innigkeit bezieht: Demut, Ergebenheit, Unterwerfung und dergleichen sind nicht in diesen göttlichen Individuen. Ein Unterschied, der zunächst aber auffällt, ist der zwischen männlichen und weiblichen Individuen. Dem Männlichen gehört Hoheit, Würde, Kraft, Vollbringung schwerer Werke, das Sinnende an; so findet man auch beim Weiblichen das Sinnende, dann aber das Weiche, Frohe, Heiterkeit, die eben damit auch mit diesen Zügen von Trauer verknüpft ist, wie ein Lächeln in Tränen, dann die Heiterkeit, die gesteigert ist bis zur Gleichgültigkeit, Genuß, Feinheit, herüber bis zum Liebreiz. [S. 200]
Das menschlich Zufällige ist vom hohen Götterkreise ausgeschlossen. [S. 247/19]
Einer Juno, Pallas oder andern in Marmor einen Sohn zuzugesellen, wäre entwürdigend; selbst Venus macht ihr Gürtel zur beständigen Jungfrau. [S. 239/22]
Unter ägyptischen und indischen Bildern dagegen gibt es viele, wo Götter von Göttinnen gesäugt werden. [S. 247/14]

146 In Beziehung auf den Übergang zum eigentlich idealen Stil haben wir uns zu erinnern, daß die Kunst damit beginne, eine Darstellung zu geben – als Vorstellung nicht eines unmittelbaren Gegenstandes, sondern die Vorstellung, die der Geist sich von ihm macht. Von einem Gegenstande kann eine Vorstellung gegeben werden auf eine Weise, die sehr unvollkommen sein kann. Kinder – zeichnend – geben die Vorstellung höchst

schlechten Kunstwerken zufrieden. Sie will nur an den Gegenstand überhaupt erinnert werden, das Übrige tut das Gemüt hinzu. Diese Innerlichkeit ist das Bestimmte, die Frömmigkeit ist mit dem äußerlich Dargestellten schon als bloß Anregendem zufrieden. Die religiöse Kunstaufgabe fordert den Typus, der Künstler muss ihn ausführen und sich an ihn halten. Die Kunst war nicht frei, der Künstler ist nur ein Handwerker. Das vollkommene Kunstwerk aber soll bis zur Bestimmtheit durchgebildet werden, das anschauende Subjekt soll sich nur empfangend verhalten. Der große Übergang zum Erwachen der freien Künste ist da, wo der Künstler frei nach seiner Idee bildet, wo der Blitz des Genies in das Hergebrachte einschlägt und ihm Frische der Darstellung erteilt. Erst dann verbreitet sich der geistige Ton über das Kunstwerk.

Die hohe, strenge Substantialität der idealen Kunstwerke bleibt in ihrer Ruhe und verschmäht, ins tätige Leben hinauszutreten. Sie hat dies Leben sich gegenüber und ist daher beschränkt, denn in der strengen Substantialität ist das Prinzip der Subjektivität als solches nicht zur Darstellung gekommen. Das Leben der strengen, hohen Individualität ist nur in dem kalten Marmor, in diesem blicklosen Sein ergossen. In der klassischen Kunst war das Individuelle, das Ernste, Objektive, der Mensch zwar der Gegenstand, aber doch ganz abstrakt gehalten, noch immer als Gott. 147

ungeschicklich wieder. Die erste Bestimmung, daß eine Vorstellung des Gegenstandes gegeben werden soll, kann sich mit sehr unvollkommenen Produktionen begnügen, mit symbolischen, die nur überhaupt nach der Darstellung ringen. Die Frömmigkeit ist mit schlechten Kunstwerken zufrieden. Sie will nur an den Gegenstand überhaupt erinnert werden. Das Übrige tut das Gemüt hinzu, und diese Innerlichkeit ist dabei das Bestimmte. Mit dem äußerlich Dargestellten ist es schon als bloß Anregendem zufrieden. Das vollkommene Kunstwerk aber soll bis zur Bestimmtheit durchgebildet werden, so daß das anschauende Subjekt sich nur soll empfangend verhalten. [S. 236/18]
Die Kunst demnach war nicht frei, der Künstler ist nur ein Handwerker. Der große Übergang zum Erwachen der freien Künste ist da, wo der Künstler frei nach seiner Idee bildet, wo der Blitz des Genies in das Hergebrachte einschlägt und ihm Frische der Darstellung erteilt. Erst dann verbreitet sich der geistige Ton über das Kunstwerk. [S. 237/19]

147 Die hohe, strenge Substanzialität der idealen Kunstwerke, die in ihrer Ruhe bleibt, und ins thätige Leben hinauszutreten verschmäht, hat dies Leben sich gegenüber, und ist daher ein Beschränktes; denn in der strengen Substanzialität ist das Prinzip der Subjectivität als solches nicht zur Darstellung gekommen. [S. 240/27]
Das Leben der strengen, hohen Individualität ist nur in dem kalten Marmor, in diesem blicklosen Seyn, ergossen. Aber die Reflexion in sich, diese Subjektivität für sich, ist das höhere Prinzip, und

Die Darstellung war nicht anthropomorph genug. Das Reich der antiken, selbstständigen Individualität wird zu Ende gebracht durch die Individualität, die stets kämpft und überwindet, teils sich, teils die Außenwelt. Die Reflexion in sich, die Subjektivität für sich ist das höhere Prinzip und muß dargestellt werden. Die subjektive Einzelheit, die Menschlichkeit in ihrer Besonderheit und Abhängigkeit muß aufgenommen werden, so daß die Individualität in ihrer höchsten Ausdehnung das Prinzip der Darstellung wird. Indem so die Kunst die subjektive Individualität in sich enthält, muß diese auch der Anfang einer andern Weise der Kunst werden, und diese ist, nach der Skulptur, die Malerei.

Die bildenden Künste – Malerei

148 Die Architektur baut den Raum für den Gott, die Malerei behält nur eine Abstraktion des Raums, die Fläche. Das Licht, wie es sich im Einzelnen zur Farbe spezifiziert, ist das Element der Malerei. Die Farbe macht die Malerei zur Malerei, der Maler muß malen können, Skizzen und Zeichnungen machen ihn noch nicht aus. Erst die Farbe macht die Lebendigkeit, die kein bloßes Kolorieren, sondern bezeichnender Ausdruck ist. Im Kolorit tritt das Eigentümliche der Meister, die eigentümliche Sichtweise eines jeden hervor. Das Schwerste Kolorit ist das des menschlichen Fleisches.

muß dargestellt werden. Damit tritt dann erst der vollendete Anthropomorphismus ein. [S. 241/04]
In der classischen Kunst ist das Individuelle, das Ernste, Objective, der Gegenstand gewesen; der Mensch zwar, aber ganz abstract gehalten (Noch immer als Gott?) Daher können wir sagen, daß die Darstellung nicht genug anthropomorphistisch gewesen ist. Aber das andere Moment, diese subjective Einzelheit, diese Menschlichkeit in ihrer Besonderheit, Abhängigkeit, ist das Moment, das jetzt in jene Objectivität aufgenommen werden muß, so daß also die Individualität in ihrer höchsten Ausdehnung das Prinzip der Darstellung wird. Indem so die Kunst die subjective Individualität in sich enthält, so muß dies Prinzip auch der Anfang, die Seele einer andern Weise der Kunst werden, und diese ist die Malerei, die wir nach der Skulptur zu betrachten haben. [S. 240/06]
Darin liegt der Sinn, daß das Reich der antiken, selbstständigen Individualität zu Ende gebracht werden soll durch die Individualität, die stets kämpft und überwindet, theils sich, theils die Außenwelt. [S. 253/13]

148 Was nun das Element der Malerei betrifft, ist es das Licht, wie es an der Dunkelheit sich zur Farbe spezifiziert. Im Licht wird die Natur subjektiv; es ist das physikalische Ich. Gesetzt als Partikularität ist das Licht die Farbe. [S. 249/27]
Eine zweite Hauptsache ist die Farbe. Sie macht die Malerei zur Malerei. Zeichnung, Erfindung ist wesentlich, notwendig, doch die Farbe ist erst die Lebendigkeit, kein bloßes Kolorieren, sondern zu-

In der Malerei werden die drei Dimensionen der Gestalt durch Licht und Schatten gemacht. Die räumliche Totalität verflacht sich und die Malerei bringt die Individualität und die unorganische Natur frei auf der Fläche zusammen, wir haben die Figur und deren Hintergrund. Da der Inhalt eher gleichgültig ist, ist der Kreis der Malerei weit, er kann alles aufnehmen: die Besonderheit, das Vorüberfliehende der Charaktere, alles hat Platz in der Malerei. Sie ist anthropomorph. Der Maler kann das einfachste Bouquet wie die höchsten Gegenstände, eine Haupt- oder Staatsaktion, eine Schlacht oder gar das jüngsten Gericht auffassen. Solche große Stoffe werden aber leicht einförmig, denn da muß Ordnung herrschen, und so sind sie eigentlich nicht mehr Handlungen, sondern Zeremonien. Große Meister haben den Vater als Schöpfer dargestellt, aber das, was wir Gottvater nennen, gibt sich für die Vorstellung nicht her. 149

Die Malerei ist wegen ihrer Innerlichkeit die Kunst des Scheines überhaupt, ein abstraktes Interesse an diesem Schein macht sich geltend. Der besondere Inhalt wird mehr oder weniger gleichgültig, das Scheinen erhält das Übergewicht. Das Gemälde ist ein Kunstwerk und zugleich ein Kunststück des Scheinens. Der höchste Gegenstand der Malerei ist die sich zu sich selbst verhaltende Seele, das andere ist der sich zu sich verhaltende Schein. Die Malerei läßt mehr als jede andere Kunst die 150

gleich bezeichnender Ausdruck. [S. 258/21]
Der Maler muß malen können, Skizzen und Zeichnungen machen ihn noch nicht aus. [S.213]
In Hinsicht des Kolorits tritt das Eigentümliche der Meister hervor; in dieser Partikularität unterschieden sie sich wesentlich; es kommt auf die eigentümliche Sichtweise eines jeden an. [S. 213]
Das Schwerste des Kolorits ist das des menschlichen Fleisches. [S. 260/17]

---

149 Durch Licht und Schatten ist die Rundung der Gestalt ausgedrückt. Sie erscheint als eine Folge dessen, was gemacht wird. Hier also ist die Gestalt ein Überflüssiges, sie braucht nicht die drei Dimensionen zu haben, da diese durch Licht und Schatten gemacht werden. [S. 250/29]
Die Besonderheit, das Vorüberfliehende der Charaktere, alles dieses hat Platz in der Malerei. [S. 249/05]
Indem so der Inhalt mehr ein gleichgültiger ist, ist der Kreis der Malerei dieser weite, der alles aufnehmen kann. Dadurch ist die Malerei viel anthropomorphistischer. [S. 249/21]
Der Maler kann das einfachste Bouquet, so wie die höchsten Gegenstände, eine Haupt- oder Staatsaktion, Schlacht, oder gar das jüngsten Gericht, auffassen; solche große Stoffe können aber leicht einförmig werden; denn da muß Ordnung herrschen, und so sind sie eigentlich nicht mehr Handlungen, sondern Ceremonien. [S. 268/27]
Große Meister haben den Vater als Schöpfer dargestellt, aber das, was wir Gottvater nennen, gibt sich für die Vorstellung nicht her. [S. 209]

zwei Extreme zu: das Interesse des Gegenstands und das der subjektiven Kunst. Das Bedeutende des Gegenstandes und die Demonstration der Geschicklichkeit des Malers können sehr weit auseinander treten.

Das Ideal der Malerei ist das Romantische, die Subjektivität, die für sich ist. Die substantielle Innigkeit ist die Seele, die bei sich ist, die sich empfindet. Sie ist aber nur substantiell, insofern sie ihre natürliche Subjektivität gebrochen, sich gesammelt, sich erhoben hat und in dieser Erhebung dann allgemeine Innigkeit ist. Die Seele, die sich will, findet sich in einem anderen Geist und gibt sich gegen dies andere auf. Dies ist der Charakter der Liebe. Die innigste subjektivste Form dieser Liebe ist die Mutterliebe, wo das Gemüt diese Einigkeit nicht erst erworben hat, sondern sich von Haus aus selig mit dem Anderen einig weiß. Die Mutter mit ihrem Kinde ist nur von dieser Liebe beseelt, und das, was sie ist, ist die Liebe zu dem Kinde. Diese Liebe hat zugleich den Zug der Demut an sich, denn das, was sie liebt, ist ein ihr Geschenktes, also Zufälliges, und die Erhaltung desselben auch ein Zufälliges, ein Glück. Auch Schmerz hat hier Platz, aber eben ein Schmerz, bei dem die Liebe die Oberhand behält, nicht wie bei Laokoon, dessen Schmerz nur das erfüllungslose Ertragen des Schicksals, also ein ganz anderer Schmerz ist. Im romantischen Schmerz ist immer die Rückkehr in sich, das Selige der 151

150 Die Malerei ist wegen ihrer Innerlichkeit die Kunst des Scheines überhaupt, sie erreicht ein Interesse an diesem Schein. Dadurch hat sie ein abstraktes Interesse, das sich mehr geltend macht. Der Inhalt wird mehr oder weniger gleichgültig, weil er ein besonderer ist, und das Scheinen erhält das Übergewicht. Das Gemälde ist ein Kunstwerk und zugleich ein Kunststück des Scheinens. [S. 181] Der höchste Gegenstand der Malerei ist zwar die sich zu sich selbst verhaltende Seele; das andere Extrem ist der sich zu sich verhaltende Schein. [S. 277/31]
Die Besonderheit der Malerei nun hat an ihr selbst zu erscheinen. Sie läßt mehr als jede andere Kunst die zwei Extreme zu: das Interesse des Gegenstands und das der subjektiven Kunst. [S. 251/16]

151 Das Ideal der Malerei ist das Romantische, wo die Subjektivität, die für sich ist, die Grundbestimmung ausmacht, geistige Innigkeit. [S. 253/02] Die substantielle Innigkeit ist die Seele, die bei sich ist, sich empfindet. Sie ist nur substantiell, insofern sie ihre natürliche Subjektivität gebrochen hat, sich gesammelt hat, erhoben über die bloße Natürlichkeit der Subjektivität und in dieser Erhebung allgemeine Innigkeit ist, so daß die Seele, die sich will, ein anderer Geist ist und darin sich selbst findet, sich gegen dies andere aufgibt. Dies ist der Charakter der Liebe, die Empfindung in ihrer allgemeinen Substantialität, die begierdelose, religiöse Liebe; die Liebe mit Begierde ist die irdische. [S. 253/08]
Eine Form dieser Liebe, die innigste subjektivste, ist die Mutterliebe. [S. 253/21]

Innigkeit, der Blick zum Himmel und die Gewißheit seiner. Das Bedürfnis solcher Darstellungen hat die Kirche. Sie verlangt solche Bilder, die verehrt werden sollen. Aber je höher die Kunst steigt, desto mehr werden solche Gegenstände in die Gegenwart herüber gehoben. Die Malerei macht sie irdisch und gegenwärtig, gibt ihnen die Vollkommenheit weltlichen Daseins, hebt die anthropomorphe Seite heraus, die sinnliche Existenz wird die Hauptsache und das Interesse der Andacht das Geringere.

Im Weiteren kann sich die partikuläre Innigkeit bei bloß natürlichen Gegenständen einfinden, bei gestirntem Himmel, bei Mond, Sonnenschein, bei Hügeln, Bergen und Tälern. Mondschein, das ruhige Meer oder das Meer in seiner Leidenschaft haben, wenn sie empfunden werden, ein Verhältnis zur Seele, die in ihnen einen Charakter wahrnimmt, der ihr entspricht. Die unendlich ruhige Tiefe des Meers, die Möglichkeit einer unendlichen Macht des Aufruhrs kommt an das Gemüt und läßt die Saiten desselben erklingen, wie umgekehrt sich Gewitter, erregtes Meer sympathisch zu Tönen der Seele zeigen. Die Landschaftsmalerei faßt die Natur mit Seele und Geist auf und ordnet ihre Gebilde, um eine Stimmung auszudrücken, sie darf keine bloße Nachahmung der Natur werden und bleiben. 152

Die partikuläre Innigkeit kann zur Innigkeit mit dem unmittelbar Gegenwärtigen werden. Der Mensch hat das Recht, das, was er 153

Die reine interessenlose Liebe, die Mutter mit ihrem Kinde, die nur von dieser Liebe beseelt ist, und das, was sie ist, ist die Liebe zu dem Kinde. [S. 211]
Diese Liebe hat zugleich an sich den Zug der Demuth; denn das, was sie liebt, ist ein ihr Geschenktes, also Zufälliges, und die Erhaltung desselben auch ein Zufälliges, ein Glück. Soll sie dargestellt werden, so gehört auch dazu ein Blick nach dem Himmel, über das Endliche hinaus. [S. 253/26]
Im romantischen Schmerz ist immer die Rückkehr in sich, das Selige der Innigkeit, der Blick zum Himmel und die Gewißheit seiner, die sich oben halten und das Schmerzlichste durchklingen. [S. 254/10]
Das Bedürfnis solcher Darstellungen hat die Kirche. Sie verlangt solche Bilder, die verehrt werden sollen. Aber je höher die Kunst steigt, desto mehr werden solche Gegenstände in die Gegenwart herübergehoben. Die Malerei macht sie irdisch und gegenwärtig, gibt ihnen die Vollkommenheit weltlichen Daseins, hebt die anthropomorphistische Seite heraus, so daß die Seite der sinnlichen Existenz die Hauptsache und das Interesse der Andacht das Geringere wird. [S. 254/29]

---

152 Mondschein, das ruhige Meer oder das Meer in seiner Leidenschaft – wenn sie empfunden werden – haben ein Verhältnis zur Seele. Sie nimmt in ihnen einen Charakter wahr, der ihr entspricht. Die unendlich ruhige Tiefe des Meers, die Möglichkeit einer unendlichen Macht des Aufruhrs kommt an das Gemüt und läßt die Saiten

jeden Augenblick tut, jedes Geschäft, jedes Besondere auszufüllen, mit ganzem Geiste dabei zu sein. Dies macht den tüchtigen, energischen Charakter aus. Diese Harmonie mit sich im Gegenwärtigen, diese Innigkeit wird auch Gegenstand der Kunst. Der ganze Reiz ist hier in der Harmonie, nicht im Gegenstand selbst.

Die Natur ist konkret nach allen Seiten. Indem die Kunst das Konkrete auffasst, läßt sie das Allgemeine vollkommen individualisiert erscheinen, aber nicht als strenge Nachahmung des Wahrgenommenen. Bei der Individualisierung muß die Kunst höher stehen als die unmittelbare Gegenwart. 154

Das Gemälde muß ferner einen Rahmen haben, um anzuzeigen, wo das Gemälde aufhören soll. 155

Die tönende Kunst – Musik

Hegel ist kein Musikverständiger, von dieser Kunst sagt er als Laie wenig. 156

Das Ohr ist der aufnehmende Sinn der tönenden Künste, das sinnliche Element ist der verschwebende Schein, der als Äußerliches nicht ruhig bleibt, sondern sogleich verschwindet. Das Wesen der Musik ist der Schein, der verschwindet, sie hat außer sich keinen Gehalt, die Subjektivität der Gemeinde muß als Hall hinzutreten. Der Ton der Musik ist kein artikuliertes Zeichen einer Vorstellung, wie in der Sprache. Der Ton als solcher 157

desselben erklingen; wie umgekehrt Gewitter, erregtes Meer sympathisch zu Tönen der Seele sich zeigen. Diese Innigkeit hat die Malerei auch zum Gegenstande. [S. 255/22]
Die Landschaftsmalerei faßt die Natur mit Seele und Geist auf und ordnet ihre Gebilde nach dem Zweck, eine Stimmung auszudrücken. Somit darf sie keine bloße Nachahmung der Natur werden und bleiben. [S. 255/31]

153 Der Mensch, was er jeden Augenblick tut, ist ein Besonderes; und das Recht ist, jedes Geschäft, jedes Besondere auszufüllen, darin tätig zu sein, mit ganzem Geiste dabeizusein. Dies macht den tüchtigen, energischen Charakter. Diese Harmonie mit sich im Gegenwärtigen also ist auch eine Innigkeit, die Gegenstand der Kunst wird. Der ganze Reiz ist hier in der Harmonie, nicht im Gegenstande selbst. [S. 256/17]

154 Die Natur ist konkret nach allen Seiten. Indem dies die Kunst auffasst, bleibt sie nicht beim Allgemeinen stehen, sondern lässt es vollkommen individualisiert erscheinen, aber so, daß darin die Allgemeinheit bestehen bleibt. Es ist nicht diese strenge Nachahmung des Wahrgenommenen, sondern bei der Individualisierung muß die Kunst höher stehen als die unmittelbare Gegenwart. [S. 257/04]

155 Das Gemälde muß ferner einen Rahmen haben, anzuzeigen, daß hier das Gemälde aufhören soll. [S. 251/13]

ist stofflos, inhaltslos, er kommt nur als Klang in Betracht. Das Element der Musik ist der Ton, und in diese äußerliche Realität, in dieses sinnliche Mittel lassen sich geistige Bestimmungen hineinbringen, wodurch diese Form dann Schönheit und Kunst sein kann.

Die abstrakte Innerlichkeit, die ganz objektlose Objektivität, die ganz subjektive Objektivität, die Selbstigkeit ohne weiteren Inhalt, unser ganz leeres Ich entspricht dieser Äußerlichkeit. Die Musik übt eine eigentümliche Macht auf das Subjekt aus, und diese Macht liegt in ihrem Prinzip: Der Ton ist das Äußerliche der abstrakten Innerlichkeit, das Innerste wird mit hineingerissen, das Ich selbst erhält sich nicht für sich. Man geht mit der Musik fort, es kommt in die Beine, man muß den Takt schlagen. Bei der Skulptur und Malerei ist immer Anschauung, d. h. das Bewußtsein von einem Gegenständlichen gegeben, die Musik hat keine Gegenständlichkeit. Der Ton ist schwingende Bewegung, indem er ist, ist er nicht, der Ton verklingt, indem er klingt, doch er bleibt, denn er wirkt im Inneren. Der Ton wird vernommen, dies ist seine Äußerlichkeit, und zugleich wird er innerlich, die Töne gehen in meinem tiefsten Inneren fort. Die Musik berührt die sich erweiternde Subjektivität und das leere Ich erhält Bestimmtheit als bestimmte Empfindung. 158

Trauer, Furcht, Heiterkeit sind Empfindungen, die ich zu meiner 159

156 Zu erinnern ist, daß Hegel kein Musikverständiger ist. [S. 194]

157 Das sinnliche Element ist der verschwebende Schein, die abstrakte Subjektivität, die in ihrer Äußerung subjektiv bleibt, kein Äußerliches ruhig bleibt, sondern als Äußerliches sogleich verschwindet. Die Weise der Äußerung ist der Ton. Und es ist die Natur des Tons, seine Äußerlichkeit zu negieren. [S. 262/20]
Das Elementarische ist also der Ton. Er ist kein articulirtes Zeichen einer Vorstellung, wie in der Sprache. Der Ton kommt nur als solcher in Betracht, nach der Weise seines Klanges; der Ton als solcher, ist stofflos, inhaltlos. [S. 278/23]
Die Musik hat außer sich keinen Gehalt, ihr Wesen ist der Schein der verschwindet; deshalb muß die Subjectivität der Gemeinde als Hall hinzutreten. Ihr Element ist der Ton, diese äußerliche, sinnliche Realität, so daß in dieses sinnliche Mittel selbst geistige Bestimmungen sich hineinbringen lassen, wodurch diese Form dann Form der Schönheit, und diese Explication der Kunst seyn kann. [S. 278/10]

158 Welche Innerlichkeit entspricht dieser Äußerlichkeit. Es ist die abstrakteste Innerlichkeit, die ganz objektlose Objektivität, die ganz subjektive Objektivität, die abstrakte Innerlichkeit. Diese ist unser ganz leeres Ich, die Selbstigkeit ohne weiteren Inhalt. [S. 262/27]
Diese Macht des Elementarischen liegt darin, daß die abstracte Innerlichkeit nichts anderes ist, als Ich selbst das Formelle des Selbstbewußtseyns. [S. 279/10]

Subjektivität in Bezug setze, und die Empfindung umkleidet den Inhalt, insofern er auf meine Subjektivität bezogen wird. Diese Sphäre der Empfindung nimmt die Musik in Anspruch, deshalb muß die Musik Empfindungen enthalten. Der ganz einfache Ausdruck der Empfindung durch den Ton ist der Schrei, aber der bloß natürliche Ausdruck, der Schrei, Interjektionen, Seufzen, Schluchzen, all dies ist noch keine Musik, denn diese Töne sind nicht Zeichen von Vorstellungen.

Wie kommt in den Ton Bestimmtheit, dass er nicht nur Schrei, sondern ausgebildeter Ausdruck der Empfindung, Zeichen von Vorstellungen, geistig wird? Jeder Ton ist bestimmt durch eine materielle und durch eine ideelle Seite, also gibt es eine materielle und eine ideelle Besonderung oder Bestimmtheit. Die materielle Seite hängt von der Natur des schwingenden Körpers ab, denn der Ton ist Erzittern eines Körperlichen, das Material kann Luft, Holz, Metall, Saite etc. sein. Den vollkommensten Ton gibt die Menschenstimme. Die ideelle Seite betrifft die inneren Verhältnisse der Töne, das ist erstens der Takt, zweitens die Harmonie, drittens die Melodie. Der Rhythmus ist die besondere Beziehung dieser drei Seiten. Der Takt sortiert die vorkommenden Töne nach der Zahl und unterteilt sie im besonderen Takt, zum Beispiel im Dreivierteltakt. Die Gleichheit der Zeit ist beim Takt das Wesentliche, beim Har- 160

Aber auch unabhängig von dem übt die Musik eine eigentümliche Macht auf das Subjekt aus, und diese Macht liegt in dem Prinzip der Musik: Der Ton ist das Äußerliche der abstrakten Innerlichkeit, das Ich selbst, die abstrakte Innerlichkeit erhält sich nicht für sich. Bei der Skulptur und Malerei ist immer Anschauung, d. h. das Bewußtsein von einem Gegenständlichen gegeben, bei der Musik aber ist das Verhältnis der Gegenständlichkeit nicht, es bleibt mir dabei nichts für mich übrig, das Innerste wir mit hineingerissen. Das geschieht durch die Macht der Musik; die andere Seite ist die Schwäche der Musik, die darin liegt, daß sie keinen objektiven Inhalt hat und gibt. [S. 216]
Man geht mit der Musik fort, es kommt in die Beine, man muß den Takt schlagen. [S. 190]
Dieser Ton wird vernommen, und dies ist seine Äußerlichkeit, und zugleich wird er wieder innerlich. [S. 215]
Das Ich ist nicht mehr von dem Sinnlichen selbst unterschieden, die Töne gehen in meinem tiefsten Inneren fort. [S. 263/10]
Was die Musik berührt, ist die Empfindung, die zunächst sich erweiternde Subjektivität, das Ich, das in dieser Abstraktion Bestimmtheit erhält. [S. 265/20]

159 Die Empfindung ist nur immer das Umkleidende des Inhalts, insofern er bezogen wird auf meine Subjektivität. Und diese Sphäre ist es, welche zunächst von der Musik wird in Anspruch genommen. Es folgt hieraus sogleich, daß ein Inhalt der Musik müsse Empfindungen enthalten. [S. 265/28]

monischen die Schwingung in der gleichen Zeit, der Unterschied des Tönens gegeneinander. Die Harmonie setzt die bestimmten Töne zueinander wie bei der Oktave, Terz etc. Das Verhältnis der Töne ist quantitativ und fällt deshalb wesentlich auf Zahlenverhältnisse. In dieser Hinsicht berühren sich Musik und Architektur. Das Poetische, das Seelenvolle ist erst die Melodie, die Seele, die sich in Tönen ergeht, ihren Schmerz, ihre Freude ergießt.

161 Musik erreicht ihre volle Macht erst im Zusammenhang mit dem Wort. Wie die Empfindung den Inhalt des Geistes begleitet, so begleitet die Musik als Ausspruch der Empfindung die Zeichen der Vorstellungen, die Worte. Die Rede schließt sich an die Musik, und wie die Architektur einen Gott erfordert, so erfordert die Subjektivität der Musik einen Text, Gedanken, Vorstellungen, die als bestimmter Inhalt nicht in ihr sind. Die redende Kunst gibt diese Erfüllung.

162 Doch kann Musik auch selbständig werden, vornehmlich in neuern Zeiten. Die natürliche ist aber die zum Gesange begleitende Musik. Indem sie selbständiger wird, verliert sie an Macht über das Gemüt, sie wird mehr partikulärer Genuß für den Kenner, der die Fertigkeit des Künstlers und die schwierige Behandlung der Töne bewundern kann.

Der ganz einfache Ausdruck der Empfindung durch den Ton ist der Schrei. [S. 282/24]
Der Ausdruck nun der Empfindung zunächst, der bloß natürliche Ausdruck, der Schrei, Interjektionen, Seufzen, Schluchzen – dies ist noch keine Musik; es sind nicht Töne, die Zeichen sind von Vorstellungen. [S. 266/05]

160 Denn der Ton überhaupt ist Erzittern eines Körperlichen, eine Bewegung, wodurch der Körper in sich selbst sich bewegt. [S. 266/26]
Die materielle Besonderung hängt von der Besonderung des Materials ab; es kann Luft, Holz, Metall, Saiten etc. sein. [S. 266/31]
Den vollkommensten Ton gibt die Menschenstimme selbst. [S. 267/05]
Hier finden wir erstens den Takt, zweitens die Harmonie, drittens die Melodie; der Rhythmus ist die besondere Beziehung dieser drei Seiten. [S. 267/18]
Die Gleichheit der Zeit ist beim Takt das Wesentliche, beim Harmonischen die Schwingung in der gleichen Zeit. [S. 268/30]
Das Verhältniß der Äußerlichkeit ist ein quantitatives, und deshalb fällt das Verhältniß der Töne wesentlich auf Zahlenverhältniße. In dieser Hinsicht berühren sich das Subjective und Objective, Musik und Architektur. [S. 283/15]
Die Melodie ist erst das Poetische, die Seele, die sich in Tönen ergeht, ihren Schmerz, ihre Freude ergießt; das Melodische ist das Seelenvolle in der Musik. [S. 269/12]

161 Wie die Empfindung den Inhalt des Geistes

Die redende Kunst ist die Kunst in der Totalität, sie enthält das Prinzip des sich selbst Vernehmens. Ihr Element ist die Sprache, das Sprechen ist vom Geiste gewollt und produziert. Die Poesie gehört dem Reich der Vorstellungen an. Die Vorstellung ist das eigentliche Element, das Wesentliche, die subjektive Innerlichkeit, erfüllt vom Geistigen, der Ton ist nur das Begleitende, er ist nur ein Zeichen und wird zum Wort. 163

Der Inhalt der redenden Kunst ist der ganze Reichtum der Vorstellung. Sie hat ein unermessliches Feld in ihrem Stoff und ihrer Exposition, alle geistigen und natürlichen Dinge können hineingezogen werden, denn alles hat Interesse für den Geist und kann dargestellt werden. Der Stoff ist also unendlich reicher als bei jeder andern Kunst, aber in Ansehung der äußerlichen Darstellung steht sie zurück gegen die Künste, die in einem sinnlichen Element arbeiten. Welche unendliche Modifikation z. B. läßt die Vorstellung »blau« in der Malerei zu, wie arm ist sie in der Sprache? 164

Die Sache, der Inhalt wird dem Geist als Vorgestelltes im Bewußtsein gegenständlich. Das Vorgestellte ist hier genauso Material wie der Marmor oder die Farbe oder der Ton. Indem der Geist seine Gegenstände als Vorstellung vor sich hat, wird er sich selbst auf seinem eigentümlichen Boden gegenständlich. Die Sprache wird ein bloßes Mittel teils der Mitteilung, teils der un- 165

---

begleitet, so ist die Musik als ihr Ausspruch das begleitende von Zeichen der Vorstellungen, von Worten. Die Rede schließt sich an die Musik, und dies ist ihre ursprüngliche Bestimmung. [S. 270/03]
Und wie die Architektur einen Gott erfordert, so die Subjektivität der Musik einen Text, Gedanken, Vorstellungen, die als bestimmter Inhalt nicht in ihr sind. Die redende Kunst nun ist es, welche diese Erfüllung gibt. [S. 270/14]

---

162 Vornehmlich in neuern Zeiten ist die Musik mehr selbstständig für sich geworden; die natürliche ist aber die zum Gesange begleitende Musik. Indem sie so selbstständiger wird, verliert sie an Macht über das Gemüth, sie wird mehr particulärer Genuß für den Kenner, der die Fertigkeit des Künstlers, und die schwierige Behandlung der Töne bewundern kann. [S. 281/08]

---

163 Die redende Kunst ist die Kunst in der Totalität. [S. 290/27]
Die redende Kunst enthält den Ton, das Subjektive, das Prinzip des sich selbst Vernehmens. [S. 270/27]
Das ist aber dies Wunder des Sprechens, es ist ein vom Geiste Gewolltes und Produziertes. [S. 199]
Die Poesie gehört dem Reich der Vorstellungen an, ihre Sprache, Sammlung von Vorstellungen ist die Weise, sich zu äußern. [S. 223]
Der Inhalt der redenden Kunst, die bestimmte Gestaltung, die ins subjektive Element verlegt wird, ist die Vorstellung, der Inhalt der redenden Kunst der ganze Reichtum der Vorstellung, das bei sich

mittelbaren Äußerlichkeit der Vorstellung. Die Sache ist in der Poesie nicht mehr unmittelbar äußerlich, sondern in Vorstellungen, denn ein Dichtwerk kann gelesen, in andere Sprachen übersetzt, in andere Verhältnisse des Tönens gebracht werden. Ob wir ein Dichtwerk hören oder sehen ist gleichgültig. Die Vorstellung ist das eigentliche Element, durch welches die Sache uns objektiv wird. Die Sinnlichkeit der Rede steht der Sinnlichkeit der Skulptur insofern nach, als sie unbestimmter auftritt und die Sache nicht in Einem vorstellt. Die Rede verläuft in der Zeit, doch der in sich einige Geist tilgt das Nacheinander und bringt in ein Bild zusammen, was die Rede als Nacheinander gibt.

Damit in der redenden Kunst ein Kunstwerk wird, muss die Vorstellung ein organisches Ganzes sein. Die geistige Einheit der Individualität wird gefordert, alles muß sich auf einen individuellen Zweck beziehen, den das Individuum aus sich selbst nimmt. Der Zweck kann kein abstraktes Allgemeines sein, dem das Individuum dient, sondern er muß dem Geist, dem Gemüt eines Individuums angehören. 166

Geschichte ist von der Kunst ausgeschlossen, sie ist kein Inhalt der Poesie, weil sie als äußerliches Geschehen für das Individuum ein gegebener Zustand ist, ein Zweck, der nicht als individueller Zweck gesetzt ist, während das Individuum an und für sich Selbstzweck ist. Geschichtsdarstellungen gehören der freien 167

seiend Geistige, das in einem Elemente ist, das dem Geiste selbst angehört. [S. 271/03]
Indem der Ton eine solche Erfüllung erhält, wird er zum bloßen Mittel herabgesetzt, ist nur ein Zeichen und wird zum Worte. [S. 271/09]
Das Element der redenden Kunst ist die Sprache. Die Vorstellung ist das Wesentliche, der Ton nur das Begleitende; deshalb ist das eigentliche Element die Vorstellung, diese subjective Innerlichkeit, erfüllt vom Geistigen. [S. 291/25]

164 Es folgt aus dem Gesagten, daß die redende Kunst ein unermeßliches Feld in Ansehung ihres Stoffs und ihrer Exposition hat. Alle geistigen und natürlichen Dinge können also hineingezogen werden, alles hat Interesse für den Geist, und kann dargestellt werden. Der Stoff ist also unendlich reicher, als bei jeder andern Kunst. [S. 292/10]
Der redenden Kunst steht ein großes Gebiet des Stoffs zu Gebote, aber in Ansehung der äußerlichen Darstellung steht sie zurück gegen die Künste, die in einem sinnlichen Element arbeiten. [S. 292/22]
Welche unendliche Modification z.B. läßt die Vorstellung »blau« in der Malerei zu; wie arm ist sie in der Sprache? [S. 292/20]

165 Die Sache, der Inhalt soll dem Geist gegenständlich werden. Sie wird es im Bewußtsein als Vorgestelltes. Dieses ist hier Material, wie es früher der Marmor war oder die Farbe oder der Ton. Der Geist wird so auf seinem eigentümlichen Boden sich gegenständlich; er hat seine Gegenstände als Vorstellung vor sich, die Sprache wird

Kunst nicht an, denn dies Ganze ist ein Verstandes-Ganzes, ein Abstraktum, nicht eine subjektive wahrhafte, individuelle Einheit. Die poetische Behandlung der Geschichte macht aus ihr noch keine Poesie. Die Sache selbst muß poetisch sein, und Geschichte ist durch ihren Inhalt prosaisch, nicht durch die Art und Weise, wie sie geschrieben ist. Im Kunstzweck darf nicht die im Verstand gegründete Logik, nicht der Zusammenhang von Ursache und Wirkung vorliegen. Eine lebendige, seelenvolle Einheit ist gefordert, nicht die des abstrakten Verstandes. Das Besondere muß für sich frei sein und einen inneren Zusammenhang haben.

Wenn wir Vorstellung sagen, dann meinen wir gewöhnlich Inhalt und unterscheiden davon ihren Ausdruck. Aber in der redenden Kunst ist die Vorstellung selbst die Weise des Ausdrucks, die Erscheinung des Inhalts. In der Malerei wird der Inhalt in Farben, in Gestalten dargestellt, in der Poesie wird er in der Vorstellung ausgedrückt. Die Vorstellung hat nicht die sinnliche Bestimmtheit der Anschauung, aber sie ist auch nicht der Gedanke als solcher, sondern sie liegt in der Mitte zwischen Anschauung und Gedanken, sie ist bildliche Vorstellung. Sagen wir z. B. »morgens«, so ist dies ein uns bekanntes Verhältnis der Zeit. Sagt nun der Dichter: »Als Eos mit Rosenfingern emporstieg«, so ist dasselbe ausgedrückt, aber wir nehmen die abstrakte Vorstellung der Zeit nicht auf, sondern erhalten die bild- 168

ein bloßes Mittel teils der Mitteilung, teils der unmittelbaren Äußerlichkeit der Vorstellung. [S. 271/20]
Die Sache in der Poesie ist nicht mehr unmittelbar äußerlich, sondern in Vorstellungen; denn ein Dichtwerk kann gelesen werden, auch ist es in andere Sprachen zu übersetzen, in andere Verhältnisse des Tönens zu bringen. Ob wir ein Dichtwerk hören oder sehen ist gleichgültig. Die Vorstellung ist das eigentliche Element, durch welches die Sache uns objektiv wird. [S. 272/05]
Der in sich einige Geist bringt in ein Bild zusammen, was die Vorstellung oder die Rede als Nacheinander gibt. Dies Nacheinander tilgt der Geist. [S. 272/22]

166 Die Vorstellung als Kunstwerk muß zuerst ein organisches Ganzes sein. [S. 272/32]
Die geistige Einheit der Individualität wird gefordert. Auf einen Zweck muß sich alles beziehen. [S. 273/01]
Das zweite ist, daß dieser Zweck ein individueller Zweck sein muß, kein abstraktes Allgemeines, dem das Individuum dient, sondern ein Zweck, der dem Geist, dem Gemüt eines Individuums angehört. [S. 273/04]

167 Das Individuum ist an und für sich Selbstzweck. Durch diese Bestimmung ist die Geschichte von der Kunst ausgeschlossen, denn sie ist ein Zweck, der nicht als individueller Zweck gesetzt ist. [S. 273/32]

liche. Das Wesentliche des poetischen Ausdrucks liegt also in der Weise des Vorstellens. Wir können etwas ganz Sinnliches im Verstande haben, ohne sein Bild zu haben, und verstehen ist etwas anderes als die Vorstellung von ihm haben. Durch den poetischen Ausdruck wird der abstrakte Gedanke der konkreten Vorstellung wieder zugeführt. Dem Dichter muß es darum zu tun sein, daß wir mit der Vorstellung beim Bilde verweilen.

Bei einem Volke, wo nur der Dichter spricht, verhilft er dem noch eingehüllten Vorstellen zum Bewußtsein. Die Sprache erweckt gleichsam das Staunen der Menschen, es ist etwas Neues für sie, die Vorstellungen sind ihnen noch nicht geläufig. Anders, wenn das Volk einen weiten Kreis von entwickelten Reflexionsverhältnissen hat. Wenn die Verstandesformen heraus sind, so ist eine gebildete prosaische Sprache, eine Sprache des gemcinen Lebens vorhanden. Da muß die Sprache vom Dichter anders gebildet werden als in der vorigen Situation. Zunächst ist Sprache Ausdruck der Vorstellung überhaupt, in der Sprache des Dichters arbeitet aber ein Geist, der produziert, er hat eine Absicht und er ist besonnen. Es soll ein Werk der Kunst hervortreten, nicht ein Werk der augenblicklichen Empfindung und Leidenschaft. So tritt eine metaphorische Sprache hervor, die sich von der prosaischen unterscheidet. 169

Stets muß die Sprache des Dichters als meditiert, geformt erscheinen. Es gibt unterschiedliche Weisen des Bildens der Vorstel- 170

Denn das Ganze ist ein Verstandes-Ganze, ein Abstractum, nicht eine subjective wahrhafte, individuelle Einheit. Nicht die Art und Weise, wie die Geschichte geschrieben ist, ist es, wodurch sie prosaisch ist, sondern es ist ihr Inhalt. Eine wahrhafte Geschichte handelt eine bestimmte Zeit ab; die bloß poetische Behandlung der Geschichte macht noch keine Poesie aus; die Sache selbst muß noch ein Poetisches seyn. [S. 293/21]
Das Besondere nun also muß für sich frei sein, aber einen inneren Zusammenhang haben. Eine lebendige, seelenvolle Einheit, nicht die des abstrakten Verstandes wird gefordert. [S. 275/03]

168 Wenn wir sagen Vorstellung, meinen wir, dies sei der Inhalt und unterscheiden davon ihren Ausdruck. Aber es ist schon bemerkt, daß der Inhalt überhaupt in der Weise der Vorstellung dargestellt wird. Hier also ist die Vorstellung selbst die Weise des Ausdrucks, die Erscheinung des Inhalts. [S. 275/16]
Die Vorstellung hat nicht die sinnliche Bestimmtheit der Anschauung. Auf der anderen Seite ist die Vorstellung auch nicht der Gedanke als solcher, sondern sie liegt in der Mitte zwischen Anschauung und Gedanken, sie ist bildliche Vorstellung. [S. 275/30]
Sagen wir z. B. »morgens«, so ist dies ein bekanntes Verhältnis der Zeit. Sagt nun der Dichter: »Als Eos mit Rosenfingern emporstieg«, so ist dasselbe ausgedrückt; aber wir nehmen die abstrakte Vorstellung nicht auf, sondern erhalten die bildliche. [S. 276/02]

lung und Unterschiede des gebildeten, geformten Ausdrucks. Zur Metapher tritt der Vers, das Metrische als die Organisierung des sinnlichen Sprachmaterials im Fortgang der Zeit nach Rhythmen hinzu, dann noch der Reim. Der Vers ist der Duft der Poesie und gibt uns sogleich zu erkennen, daß wir auf einem anderen Boden als dem des gewöhnlichen Bewußtseins sind. Am Kunstwerk soll es keine ungebildete Seite geben, es duldet kein Zufälliges, sondern nur vom Geist Gestaltetes. Der Vers ist eine sinnliche Seite und muß dem Inhalt, der erscheinen soll, angemessen sein. In der romantischen Poesie ist der Reim die Hauptsache, das bloß Rhythmische gehört der klassischen Poesie an. Der Reim ist eine Fessel, aber notwendige Nötigung für den Dichter, die im Bedürfnis der Kunst selbst liegt, sich nicht gehen zu lassen, sondern sich um gebildeten Ausdruck zu bemühen. Der Reim veranlaßt ihn, seine Vorstellung um und um zu kehren, sie herumzudrehen und herumzusuchen, um sie so zu bearbeiten und zu bilden.

Die epische Poesie

Das Epos fällt in jene Zeit, wo ein Volk ins Bewußtsein heraus- 171 tritt und der Geist sich mächtig fühlt, sich eine eigene Welt zu produzieren und sich darin einheimisch zu wissen. Im Epos ist die Welt eines Volks in ihrer Totalität, der Geist ist in dieser Welt

Das Wesentliche des poetischen Ausdrucks liegt also in der Weise der Vorstellung. [S. 276/10]
Verstehen ist etwas anderes als die Vorstellung davon haben. Durch den poetischen Ausdruck im Allgemeinen soll der abstrakte Gedanke der konkreten Vorstellung wieder zugeführt werden. [S. 276/16]
Dem Dichter muß es darum zu tun sein, daß wir mit der Vorstellung beim Bilde verweilen. [S. 277/12]

---

169 Bei einem Volke, wo der Dichter der Sprechende ist und seine Besonderheit darin liegt, daß er sprechen kann, in dieser Voraussetzung hat die Sprache den Wert für sich. Der Dichter verhilft dem noch eingehüllten Vorstellen zum Bewußtsein, da hat die Sprache diesen Wert für sich. Die Sprache erweckt gleichsam das Staunen der Menschen, es ist etwas Neues für sie, sie haben noch nicht die Geläufigkeit in Vorstellungen. [S. 224]
Das andere ist, wenn das Volk eine gebildete Sprache hat, wenn es einen weiten Kreis von entwickelten Reflexionsverhältnissen hat. Wenn die Verstandesformen heraus sind und mit dem Zusammenhange übereinstimmen, so ist dann eine gebildete prosaische Sprache, eine Sprache des gemeinen Lebens vorhanden. Da muß die Sprache vom Dichter anders gebildet werden als in der vorigen Stellung. [S. 225]
So muß also notwendig eine andere Sprache hierbei hervortreten, der prosaischen angemessen, die sich aber auch leicht von ihr unterscheidet; es tritt das Metaphorische da ein. [S. 225]

noch wollend und vollbringend, selbständig. Unter den vielen besonderen Epen steht das Homerische an der Spitze. Der Inhalt der epischen Poesie ist objektiver Inhalt, eine äußerlich entfaltete Welt, ein Skulpturbild der Vorstellung, wo die Sache sich in ihrer Objektivität entwickelt und der Dichter zurücktritt. Das Epos hat die Weise der Skulptur. Die geistige Welt wird in ihrer objektiven Weise dargestellt, die Sache ist die Hauptsache. Das Sein verschwindet, das Subjekt ist das Werkzeug, die Gestalten gehen vor uns vorüber. Der spätere Zustand erhält dann als gesetzlicher Zustand, als Staat äußerliche Notwendigkeit und es zeigt sich, wie das Viele im Gemüt des Individuums ist.

Der Gegenstand des Epos ist eine objektive Welt, deshalb hält 172 sich die subjektive Seite, in der das Subjekt existiert, die Sprache, die Rede äußerlich fern, sie ist eine gleichsam mechanische Rede. Das Epos wurde von Rhapsoden gesprochen, rezitiert, sie trugen es vor gleichsam wie eine Melodie, die von einer Handorgel abgeleiert wird. Deshalb hat das Epos ein mechanisches Silbenmaß. Das Gedicht, das eine solche Welt vorstellt, ist die freie Produktion des Individuums, es faßt die objektive Welt in die Rede, es ist das Werk des Dichters. Aber dabei erscheinen seine Subjektivität, seine Empfindungen und Reflexionen nicht, es ist Manier ohne Manier, und das ist eben die hohe Manier. Es singt sich so von selbst fort, die Rhapsoden sind gleichsam tote

170 Die Sprache muß als meditiert erscheinen. [S. 200]
Die Versifikation ist der Duft der Poesie. Sie gibt uns sogleich zu erkennen, wir seien auf einem anderen Boden als dem des gewöhnlichen Bewußtseins. [S. 278/11]
Am Kunstwerk aber soll es keine Seite geben, die ungebildet sei; das Kunstwerk duldet kein Zufälliges, sondern nur vom Geist Gestaltetes. Die Versifikation ist eine sinnliche Seite und muß dem Inhalt angemessen sein, der in ihr erscheinen soll. [S. 278/25]
Die Hauptsache beim Versmaß ist der Reim. Er gehört der romantischen Poesie allein an, das bloß Rhythmische der klassischen. [S. 280/09]
Der Reim ist eine Fessel, aber notwendige Nötigung für den Dichter, die im Bedürfnis der Kunst selbst liegt, sich nicht gehen zu lassen, sondern sich um gebildeten Ausdruck zu bemühen. [S. 201]
Der Reim veranlaßt das Herumdrehen und Herumsuchen in der Vorstellung, die Vorstellung zu bearbeiten und zu bilden, und das soll der Dichter eben tun. [S. 227]

171 Was wir über das Epos bemerken wollen, kann nur das Allgemeine betreffen, und unter den vielen besonderen Epen haben wir das Klassische herauszuheben; hier wiederum steht das Homerische Epos an der Spitze von allen. Bei den allgemeinen Bestimmungen über die Kunst habe ich angeführt, daß ein solches Epos in die Zeit fällt, wo ein Volk ins Bewußtsein heraustritt und der Geist sich mächtig fühlt, sich eine eigene Welt zu produzieren und sich darin als einheimisch zu

Instrumente, der Inhalt ist für sich. Das Melos, die Ode hingegen trägt der Sänger vor, dabei sind die Subjektivität, der Vortrag, der Ausdruck, die Gebärde das Wesentliche, und das Silbenmaß ist mannigfaltiger.

Die lyrische Poesie

173 Der Gegenstand der lyrischen Poesie ist die Empfindung, das Innerliche als solches, sich in sich verarbeitend, nicht im Zusammenhange mit Handlungen dargestellt. Der Inhalt ist subjektive Stimmung, das Subjekt hat ihn in sich und drückt aus, wie es sich in sich weiß. Die Empfindung, das Gemüt hat sich isoliert und ist abstrakt für sich geworden, darin verweilt die lyrische Poesie. Sie ist die reichste und mannigfaltigste, ihr besonderer Gegenstand ist die innere Empfindung, das Besondere. Die Subjektivität geht in sich und spricht sich aus und wird als vereinzelte Anschauung an mich gebracht. Der Sänger trägt das Lyrische vor, die Existenz ist musikalisch.

Die dramatische Poesie

174 In der dramatischen Poesie liegt die höchste Kunst und das Höchste der Kunst: menschliches Gemüt, das sich nicht bloß in Vorstellungen äußert, sondern in Handlungen. Das Objektive ist in das Subjektive erhoben, in Grundsätzen, in sittlichen Charakteren gerechtfertigt. Im Drama erscheint das Innerliche

wissen; später tritt dann ein gesetzlicher Zustand ein, ohne das Gemüt des Individuums, der also äußerliche Notwendigkeit erhalten hat. Dabei zeigt sich auf der anderen Seite, wie das Viele in dem Gemüt des Individuums ist, wo eine Menge Gegenstände zu Mitteln herabgesunken sind, die Individuen sie als tote Werkzeuge gebrauchen. Es ist da im Epos die Welt eines Volks in ihrer Totalität, so daß der Geist in dieser Welt noch wollend und vollbringend, selbständig ist. [S. 232]
Es hat die Weise der Skulptur, nehmlich den Gegenstand, die Sache darzustellen. Das Seyn verschwindet, das Subject ist das Werkzeug, die Gestalten gehen vor uns vorüber. [S. 304/29]

---

172 Indem der Gegenstand des Epos eine objektive Welt ist, so ist die subjektive Seite die Sprache, die Existenz der Rede, eine ebenso äußerlich von der objektiven Darstellung sich fernhaltende, eine gleichsam mechanische Rede. Das Epos bei den Alten ward von Rhapsoden gesprochen, rezitiert. [S. 283/16]
Das Epos trägt der Sänger vor, aber als Rhapsode, gleichsam wie eine Melodie, die von einer Handorgel abgeleiert wird; deshalb muß das Epos in einem mechanischen Sylbenmaaße seyn. [S. 305/15]
Das Gedicht, das eine solche Welt vorstellt, ist ebenso freie Produktion des Individuums; es ist die objektive Welt und diese in die Rede gefaßt: das Werk des Dichters. Die Subjektivität des Dichters erscheint nicht dabei, Manier ohne Manier – das ist eben die hohe Manier. [S. 233]
Hingegen das Melos, die Ode, trägt der Sänger selbst vor. Die Subjectivität, der Vortrag, Aus-

als Handlung, die nur durch das Gemüt bestimmt ist. Das nackte Innere muß sich einerseits aussprechen, andererseits muß es handelnd erscheinen. Hier tritt der Geist in seinem Bewußtsein, Empfinden, Wollen individualisiert auf. Im Drama ist die Handlung die Hauptsache und selbständig geworden, und die Umstände und Begebenheiten haben keine eigentümlichen Werte mehr. Der Gegenstand, die Tat als solche, ist durch den Charakter des Menschen, durch seinen Willen gesetzt. Er ist die Grundlage von allem, was geschieht. Die Situation, die Umstände sind nur das, was aus ihnen Geist und Gemüt machen. Die Entfaltung des Inhalts, das Handeln gehört dem Subjekt an, es wird persönlich, selbständig, selbst verantwortend. Beim Drama wird die subjektive Seite objektiv, also das Sprechen selbst dargestellt. Die Totalität der Darstellung ist gefordert, die ganze Person des Vortragenden wird in Anspruch genommen.

Das Epos

175 In der Lyrik läßt die Empfindung das eigene Interesse hören, im Drama ist es die sittliche Berechtigung, im Epos ist es das Sein. In ihm ist die Welt eines ganzen Volkes dargestellt, es ist die Bibel eines Volkes. Viele Völker haben absolut erste Bücher, worin ihre Entwicklung ausgesprochen ist. Eine Sammlung solcher Bibeln wäre interessant.

druck, die Gebehrde, ist das Wesentliche, und der Fortgang des Sylbenmaaßes ist darin ein mannichfaltigerer. [S. 305/18]

173 Der Gegenstand der lyrischen Poesie ist die Empfindung, das Innerliche als solches, sich in sich verarbeitend, nicht im Zusammenhange mit Handlungen dargestellt. [S. 230]
Wenn die Empfindung also sich isoliert, so ist da die Empfindung, das Gemüt abstrakt für sich geworden; und darin verweilt die lyrische Poesie. [S. 233]
Die lyrische Poesie ist die reichste und mannigfaltigste, ihr Gegenstand ist der besondere Gegenstand vornehmlich der inneren Empfindung, das Besondere als ein Inhalt überhaupt. [S. 241]
Der Inhalt der lyrischen Dichtkunst ist Erfüllung des Subjekts als solchen. Es wird weiter in Anspruch genommen, als nur äußerlich zu existieren. Der Sänger trägt das Lyrische vor, die Existenz ist musikalisch. [S. 283/24]

174 Das Dritte ist die Handlung als solche, in der das Innerliche des Lyrischen erscheint, so daß die Handlung nur durch das Gemüt bestimmt ist, teils durch das Gemüt aufgefaßt wird, teils nur eine Wirkung des Gemüts ist. In der dramatischen Poesie liegt also die höchste Kunst, menschliches Gemüt, das sich äußert nicht bloß in Vorstellungen, sondern auch in Handlungen. [S. 230]
Das Objective ist in das Subjective erhoben, in Grundsätzen, in sittlichen Charakteren gerechtfertigt, so daß das Objective einerseits dasteht,

Das Epos stellt das, was ist, ein Geschehen in seiner ganzen Entwicklung und Breite dar. Sein Inhalt ist das Ganze einer Welt, in welcher eine individuelle Handlung geschieht. Im Epos waltet das Schicksal, die Individuen stehen und vergehen, und auch der Herrlichste hat das Los, vorüberzugehen. Gerechtigkeit ist noch nicht vorhanden, das Schicksal wird als ein Unbegreifliches, nicht als ein Gerechtes erfahren. Kein sittlicher Zweck regiert das Epos, gegen das Schicksal bleibt das Individuum ganz frei: es ist so! Die Erfolge sind, wie sie sind, die Umstände schlechthin gelten. Eine epische Begebenheit ist nicht eigentlich eine Handlung, sondern eher eine Empfindung oder eine Leidenschaft des Subjekts. In dem Homerischen Epos ist es der Zorn des Achill. Im Epischen ist die Situation, wo Begebenheit und Leidenschaft oder Inneres oder Äußeres zusammenspielen wesentlich, nicht der Wille des Individuums. Im Epischen sind die Verhältnisse das Mächtige, das Individuum kann gegen sie nachgeben, im Drama ist der Charakter das Mächtige. Im Epos schweben Handlung und Umstände gleich, Charakter des Subjekts und Notwendigkeit des Äußerlichen stehen gleichstark nebeneinander, dagegen führt sich das dramatische Individuum selbst auf. 176

Der Stoff der Epen ist der Krieg: vom Abendland gegen das Morgenland, von Christen gegen Mauren, Griechen gegen Asiaten. 177

andrerseits die Handlung, sich aus sich selbst aussprechend. Das nackte Innere muß einerseits sich aussprechen, andererseits muß es handelnd erscheinen. Hier, wo es der Geist ist, der in seinem Bewußtseyn, Empfinden, Wollen auftritt, ists auch der Geist, der persönlich, individualisirt auftritt. [S. 304/09]
Im Drama ist der Gegenstand, die Tat als solche, durch den Charakter des Menschen, durch den Willen gesetzt. Dieser ist hier die Grundlage von allem, was geschieht. Die Situation, die Umstände sind hier nur das, was aus ihnen Geist und Gemüt macht. [S. 286/18]
Beim Drama muß die subjektive Seite objektiv, das Sprechen selbst dargestellt werden. Hier ist die Totalität der Darstellung gefordert. [S. 284/07]

175 Im Epos ist die Welt eines ganzen Volkes dargestellt, es ist das Buch des Volkes, die Bibel eines Volkes; absolut erste Bücher haben viele Völker, worin ihre Entwicklung ausgesprochen ist. [S. 205]
Eine interessante Sammlung wäre die Sammlung solcher Bibeln; wenn Hegel Präsident der Akademie wäre, würden solche monumenta nationum gesammelt. [S. 206]

176 Und indem das Epos zum Gegenstand hat, was ist, hat es eine Handlung, ein Geschehen in seiner ganzen Entwicklung und Breite zum Gegenstand. [S. 285/11]
Der Inhalt des Epos ist also das Ganze einer Welt, in welcher eine individuelle Handlung geschieht. [S. 285/21]

Fremde Völker streiten gegeneinander, ein Bürgerkrieg kann nicht Gegenstand eines Epos sein. Die Tragiker haben Stoffe gewählt, wo ein Bruder gegen den anderen Krieg führt. Die Eigentümlichkeit des feindseligen Verhältnisses ist in der jeweiligen Individualität der sich Bekriegenden begründet, und nur eine beidseitig geglaubte Berechtigung bringt solchen Krieg hervor. Die Verhältnisse sind noch ein Wollen des Individuums, sie sind noch als Sitte und noch nicht zur Festigkeit gediehen. Das Epos spielt in der Heroenzeit, in welcher der Staat noch nicht die sittlichen Verpflichtungen in Form von Gesetzen regelt.

178 Sofern im Epos das Verhältnis zu Naturdingen vorkommt, so bezieht der Mensch noch seine Ehre aus dem Gemachten, also aus seinem eigenen Vermögen. Homer erzählt ausführlich von Zepter und Gewand des Ulysses, vom Bett, der Tür, die sich auf Angeln dreht. In all dieses setzt die Geschicklichkeit des Menschen noch ihre Ehre, es hat noch große Bedeutsamkeit für das Individuum Es ist noch keine äußerlich gewordene Objektivität, sondern eine, in der das Subjekt heimisch ist. Der Mensch lebt nach allen Seiten noch lebendig in allem, nichts ist ihm ein bloß Äußerliches.

179 Vergil kann nicht in derselben naiven Weise wie Homer die Wirklichkeit der Götter erfassen, weil sich der Geist des Volkes,

Das Schicksal waltet wesentlich im Epos so, daß die Individuen darin stehn und vergehen und daß der Herrlichste auch das Los hat, früher vorüberzugehn. [S. 239]
Keine Gerechtigkeit; das Sittliche der Gerechtigkeit ist noch nicht vorhanden. Das Schicksal wird erfahren als ein Unbegreifliches, nicht als ein Gerechtes, Sittliches. [S. 216]
In der Lyrik ist's die Empfindung, welche das eigene Interesse hören läßt, im Drama ist's die sittliche Berechtigung, im Epos ist's das Seyn. Der wesentliche sittliche Zweck kann das Epos nicht regiren; gegen das Schicksal bleibt das Individuum ganz frei; es ist so! Die Erfolge sind, wie sie sind. [S. 308/11]
Im Epos gelten die Umstände schlechthin. [S. 286/25]

Eine Begebenheit, wenn sie episch ist, ist nicht eine eigentliche Handlung desselben, sondern etwas, was ein Zweck, Empfindung oder Leidenschaft des Subjekts ist. In dem Homerischen Epos ist der Zorn des Achill der Gegenstand; das ist keine Handlung, sondern eine Untätigkeit, und daraus, daß er sich enthält, unter den Griechen zu kämpfen, daraus erfolgt sehr vieles, was er nicht tut; und erst nur durch den Erfolg seiner Untätigkeit wird er aufgeregt zur Tätigkeit. Das ist also ganz im Sinne des Epischen: Wichtig ist nicht abstrakte Handlung, der Wille des Individuums, sondern die Situation, wo Begebenheit und Leidenschaft oder Inneres oder Äußeres zusammenspielen. [S. 235]
Im Epischen kann das Individuum den Verhältnissen nachzugeben scheinen, das Resultat der

schon verändert hat. Ebenso unangemessen ist Klopstocks Messias. Epische Gedichte können nur in gewisser Zeit sein, die moderne Zeit kann keines haben. Unser modernes Epos ist der Roman, aber der Held eines Romans kann nicht Held eines Epos sein.

Das Epos des Katholizismus ist die Göttliche Komödie Dantes. Er erschafft als Dichter alle Individuen mit einer ebenso großen Selbständigkeit und Freiheit, mit der Homer die Götter gebildet hat. In diesem Gedicht ist ein ewiger Zustand vorgestellt, die Hölle, das Fegefeuer und der Himmel, das ewige Sein. In Hölle, Fegefeuer und Himmel bewegen sich die Figuren nach ihrem besonderen Charakter, oder vielmehr: sie haben sich bewegt, sie sind verewigt. Die Individuen werden vorgestellt, wie sie an sich selbst durch sich die Verewigung vollführen. Ihre Handlungen sind erstarrt in der ewigen Gerechtigkeit. Es ist die Verewigung durch den Dichter und die Verewigung der Menschen durch sich selbst in eins dargestellt. Dantes Göttliche Komödie ist ein Epos des Christentums, der katholischen Religion, erstarrend in der ewigen Gerechtigkeit. Die Menschen in ihrem Treiben sind gerichtet, teils in die Verdammnis gestoßen, teils in die ewige Liebe zurückversenkt. 180

Man kann sich auch denken, die ganze Weltgeschichte zum Gegenstand eines Epos zu machen, dessen Held der Humanus 181

Verhältnisse sein, die das Mächtige sind. Im Drama hat der Charakter das Mächtige zu sein. Im Epos schweben Handlung und Umstände gleich. Charakter und Notwendigkeit des Äußerlichen stehen gleichstark nebeneinander. Das dramatische Individuum hat sich selbst aufzuführen. [S. 288/01]

177 Kriege müssen geschildert werden vom Abendland gegen das Morgenland, von Christen gegen Mauren, Griechen gegen Asiaten. [S. 290/02]
Ein einheimischer Krieg ist nicht für das Epos. Die Tragiker dagegen haben Stoffe gewählt, wo ein Bruder gegen den anderen Krieg führt. Hier ist die Eigentümlichkeit des feindseligen Verhältnisses auf die besondere Individualität der sich Bekriegenden begründet. [S. 290/06]
Die Verhältnisse müssen sich herausgebildet haben, aber noch nicht zur Festigkeit gediehen sein, sie müssen noch ein Wollen des Individuums, noch als Sinn des Rechts und der Billigkeit, als Sitte sein. [S. 291/21]

178 Homer erzählt ausführlich von Zepter und Gewand, von Ulysses' Bett, der Tür, die sich auf Angeln dreht. Alles dies erscheint hier noch als ein solches, in welches die Geschicklichkeit des Menschen noch ihre Ehre setzt. [S. 292/24]
Das Zepter des Achill z. B. – alles hat noch große Bedeutsamkeit für das Individuum Es ist eine Objektivität, die nicht äußerlich geworden ist, sondern in der das Subjekt heimisch geworden ist. [S. 216]

wäre und sich den Menschengeist als den Held vorstellen, der sich zur Weltgeschichte vollbringt. Doch dieser Stoff wäre zu hoch für die Kunst, denn ihm läge die allgemeine Idee und keine individuelle Gestalt zu Grunde.

Das Lyrische

Die lyrische Poesie stellt die Entwicklung der Subjektivität, die Empfindung dar, nicht die Entwicklung eines objektiven Zustandes. Auch breitet sich da nichts zu dem vorhandenen weltlichen Reichtum durch die Entwicklung einer Handlung aus, sondern das Gemüt reflektiert in sich und ergießt sich über seine Empfindung. Der Gegenstand ist ganz vereinzelt, und das Auffassen desselben ist der subjektiven Zufälligkeit hingegeben und kann sich unendlich weit fortspinnen. Im Lyrischen drückt sich das Subjekt aus, nicht der Reichtum einer Welt, es spiegelt sich die einzelne Empfindung, das einzelne Urteil des Gemüts. Die Empfindung, ein dumpfes Verschlossensein ist der Gegenstand, und das lyrische Gedicht bringt ihn in die Vorstellung. Die blinde Macht der Leidenschaft besteht in der Bewußtlosigkeit, der ganze Geist ist in einer Empfindung verschränkt, mit ihr identisch. Indem nun das lyrische Gedicht die Empfindung, sei es Lust oder Schmerz, erfaßt, beschreibt, zur Vorstellung bringt, erleichtert es das Herz und ist so auch 182

---

179 Epische Gedichte können nur in gewisser Zeit sein. Die moderne Zeit kann keines haben. [S. 295/25]
Unser modernes Epos ist der Roman. Der Held eines Romans kann nicht Held eines Epos sein. [S. 217]

---

180 Die Epopöe des Katholizismus ist die Göttliche Commedia des Dante. [S. 296/18]
Er erschafft alle die Individuen mit einer ebenso großen Selbständigkeit, Freiheit, mit der Homer die Götter gebildet hat. [S. 210]
In diesem Gedicht ist vorgestellt dies Gedoppelte: ein Zustand und dieser ewige Zustand ist die Hölle, das Fegefeuer und der Himmel. Es ist dies ewige Sein als Zustand. Es sind dies feste Zustände; sie sind die Voraussetzungen, und in ihnen bewegen sich die Figuren nach ihrem besonderen Charakter, oder vielmehr: sie haben sich bewegt, sie sind verewigt. Die Individuen werden vorgestellt, wie sie an sich selbst durch sich die Verewigung vollführen. Ihre Handlungen sind erstarrt in der ewigen Gerechtigkeit. [S. 296/21]
Dantes Göttliche Komödie ist ein Epos des Christentums, der katholischen Religion; erstarrend in der ewigen Gerechtigkeit. Die Menschen in ihrem Treiben sind aber gerichtet, wo das Ganze teils in der Verdammnis ist, teils in die ewige Liebe sich zurückversenkt. [S. 232]

---

181 Man kann sich auch denken, daß die ganze Weltgeschichte zum Gegenstand einer Epopöe gemacht wird, deren Held der Menschengeist, der

Befreiung von der Empfindung, weil der Geist von ihr befreit wird. Das Bedürfnis, sich auszusprechen, ist vorhanden, das Gemüt will sich überhaupt äußern. Im Lyrischen tritt das Individuum als solches auf, der Sänger ist der Mittelpunkt. Um ihn handelt es sich, er stellt sich dar. Der Dichter erscheint, der Kreis seiner Gedichte stellt den Kreis seines Lebens vor. Es sind meist Gelegenheitsgedichte. Dazu dient zunächst der geringfügigste Inhalt, aber es kann auch das Höchste preisen, das Tiefste aussprechen. In Klopstock herrscht viel Schönheit, aber auch sehr viel Leerheit.

Das eigentlich deutsche lyrische Gedicht ist das Lied, das die ganze lyrische Mannigfaltigkeit in sich faßt. Das Singen ist das Wesentliche. Das Lied kann subjektive Empfindung aussprechen oder durch das ausgelassene Aussprechen, durch Verstummen anzeigen Die Empfindung kann entweder gedrungener in sich bleiben und sich nur durch abgebrochene Äußerung zeigen, oder sie kann eine vollendete Exposition haben, wie bei den südlichen Nationen, wo die Exposition witziger, sinnreicher ist. Der Ton kann unendlich verschieden sein. Der Hymnus ist ein einfaches Aufjauchzen zum Höchsten, die Reihe von bloßen Jubelausbrüchen hebräischer Psalmen sind die herrlichsten Muster davon. 183

Humanus, wäre. Man könnte sich dies vorstellen, daß der Menschengeist der Held wäre, der sich zur Weltgeschichte vollbringt; doch dieser Stoff wäre zu hoch für die Kunst. Denn die allgemeine Idee läge zum Hintergrunde. Diese aber ist nicht individuell; die Kunst aber hat individuelle Gestalten zu geben. [S. 288/24]

---

182 Die lyrische Poesie hat die Entwickelung der Subjectivität, die Empfindung, darzustellen, nicht die Entwickelung eines objectiven Zustandes; auch ist da kein Ausbreiten zu dem vorhandenen weltlichen Reichthum. Sie geht nicht zu dieser Objectivität durch die Entwickelung einer Handlung fort, sondern das Gemüth reflectirt in sich, und ergießt sich über seine Empfindung. Der Gegenstand ist deshalb ein ganz vereinzelter, und das Auffaßen desselben ist der subjectiven Zufälligkeit hingegeben; es kann sich unendlich weit fortspinnen. [S. 314/13]
Im Lyrischen drückt das Subjekt sich aus. Nicht der Reichtum einer Welt kann sich abspiegeln, sondern die einzelne Empfindung, das einzelne Urteil des Gemüts. [S. 297/14]
Die Lyrik hat die Empfindung, ein dumpfes Verschlossenseyn zum Gegenstande, und bringt sie heraus vor die Vorstellung. [S. 314/22]
Das lyrische Gedicht ist auch Befreiung von der Empfindung, der Geist wird von ihr befreit. Die blinde Macht der Leidenschaft besteht in der Bewußtlosigkeit, so daß der ganze Geist in dieser Empfindung verschränkt, identisch damit ist. Indem nun die Empfindung, sey es Lust oder Schmerz, sich erfaßt, beschreibt, sich selbst zur Vorstellung bringt, erleichtert sie das Herz. [S. 314/28]

Die dramatische Poesie kann als die vollkommenste Stufe der Poesie und der Kunst überhaupt betrachtet werden, denn in ihr wird der absolute Inhalt ausgedrückt. Die Rede ist das würdigste Element, alle übrigen sinnlichen sind nach der eine oder der anderen Seite mangelhaft. 184

Der Gegenstand des Dramas ist die Handlung, das ausgeführte, gewusste Wollen. Das Drama beschreibt nicht, äußerliches Sich-Begeben ist ausgeschlossen. Die Statuen treten belebt auf, das Äußerliche wird der Rede als Gebärde, als Darstellung durch Menschen beigefügt. Der Unterschied des antiken und modernen Dramas liegt in der Differenz des Klassischen und des Romantischen. Beim Antiken beruht das Ganze auf einer substanziellen Macht, im Romantischen bewegt die subjektive Neigung, der Charakter das Ganze. Im Drama macht das Individuum geltend, was es will. Was es will und soll und fordert, beruht auf seinem Charakter und ihn muß es durchsetzen. Es ist darum zu tun, daß ein Individuum gerettet wird. 185

Die alte Darstellung ist plastisch, es bewegen sich Skulpturbilder, ihre Stellung ist idealisch. Wir Neueren fordern bestimmte Besonderheit, das Minenspiel scheint uns ein Hauptteil, die Alten dagegen hatten Masken. Ferner hatten die Alten die Hände im Mantel, die Bewegung wurde also einfach. Was zu sprechen 186

Also finden wir im Lyrischen, daß das Individuum als solches auftritt; der Sänger ist der Mittelpunkt, um den sich's handelt, der sich darstellig macht. [S. 241]
Der Kreis seiner Gedichte stellt den Kreis seines Lebens vor, insofern eine Würde des Sängers, des Individuums, das sich auf diese eigentümliche Weise als dichtend verhält. [S. 241]
Die lyrischen Gedichte, weil sie die subjektive Empfindung über einen Inhalt sind, sind meist Gelegenheitsgedichte. [S. 276/12]
Dazu dient ihm zunächst der geringfügigste Inhalt. Aber es kann auch dahin fortgehen, das Höchste zu preisen, das Tiefste auszusprechen. [S. 297/23]
In Klopstock herrscht viel Schönheit, aber auch sehr viel Leerheit. [S. 316/17]

---

183 Das eigentlich deutsche lyrische Gedicht ist das Lied. [S. 317/01]
Das Lied kann subjektive Empfindung ausdrükken und nur bei dieser Empfindung mehr den Versuch, dies auszusprechen. Ein anderes ist das ausgelassene Aussprechen, ein anderes, das nur spricht durch Verstummen – dieser Kampf des Gemüts ist ein barbarischer Zustand. [S. 243]
Das Gemüth bleibt in der Lyrik mehr in sich gedrungen; das Singen ist das Wesentliche. Die Empfindung kann entweder gedrungener in sich bleiben, und nur durch abgebrochene Äußerung sich objectiviren, oder sie kann auch eine vollendete Exposition haben, wie bei den südlichen Nationen, wo die Exposition witziger, sinnreicher ist. [S. 317/15]
Der Ton der Zusammenstellung kann von unendlicher Verschiedenheit seyn. Der Hymnus ein

war, sprachen sie, nicht die Miene, sondern die bewußte Rede drückte aus.

Tragödie und Komödie

Im Tragischen wird die Individualität vornehmlich durch die Einseitigkeit ihres Zwecks zerstört, sie geht mit ihrem Zweck zugrunde. Die ewige Gerechtigkeit übt sich am Individuum und am Zweck aus. Da der Zweck substantiell sein muß, wird er in der Tragödie seiner Substantialität nach erhalten und streift nur die Einseitigkeit ab, die das Individuum verwirklicht. In der Komödie ist der Zweck mehr oder weniger eingebildet, auch wenn er substanziell erscheint. Seine Einseitigkeit wird durch das Subjekt selbst zerstört und somit erhält sich dieses. In der Tragödie geht das ewig Substantielle siegend hervor, in der Komödie die Subjektivität als solche. 187

Die klassische Tragödie

In der klassischen Tragödie treten sich zwei Zustände gegenüber: die sittlichen Mächte in ruhigem Zustand, repräsentiert vom Chor und die sittlichen Mächte in Bewegung, die in Individuen zur besonderen Gestalt heraus- und feindlich gegeneinander auftreten. 188

Individuen sind in eine Verletzung eines Zustands verwickelt. Kein böser Wille, kein bloßes Unglück bringt die Kollision her- 189

einfaches Aufjauchzen zum Höchsten; die hebräischen Psalmen sind die herrlichsten Muster davon; sie sind eine Reihe von bloßen Jubelausbrüchen. [S. 316/12]

184 Die dramatische Poesie kann als die vollkommenste Stufe der Poesie und der Kunst überhaupt betrachtet werden. [S. 298/22]
Das Element ist die Rede, das würdigste Element; alle übrigen sinnlichen sind nach einer oder der andern Seite mangelhaft. [S. 317/30]

185 Der Gegenstand des Dramas ist die Handlung. [S. 298/24]
Die Handlung ist das ausgeführte Wollen, das ein gewußtes ist. [S. 299/02]
Das Drama beschreibt nicht. Das Äußerliche wird der Rede als Gebärde, als Darstellung durch Menschen beigefügt. Das Epos wird nun vorgetragen; beim Drama ist das äußerliche Sich-Begeben ausgeschlossen. Die Statuen treten hier belebt auf. [S. 299/10]
Der Unterschied des antiken und modernen Drama beruht auf die Differenz des Classischen und Romantischen. Bei dem Antiken beruht das Ganze auf einer substanziellen Macht; in dem Romantischen ist es mehr die subjective Neigung, der Charakter, was das Ganze bewegt. [S. 318/10]
Im Drama hat das Individuum, was es will, geltend zu machen; und was es will und soll und fordert, dieses beruht auf seinem Charakter und diesen muß das Individuum durchsetzen. [S. 287/07]
Es ist darum zu thun, daß ein Individuum gerettet wird. [S. 318/19]

vor, sondern beide Seiten sind sittlich berechtigt. Man muß die falschen Meinungen von Schuld und Unschuld verschwinden lassen. Die Heroen sind ebenso schuldig wie unschuldig. Schuld tritt erst ein, wenn das Individuum wählen kann und es sich mit Willkür entschließt. Aber in den plastischen Figuren der klassischen Tragödie ist solche Wahl entfernt, das Individuum ist, was es ist, es handelt aus diesem Charakter, diesem Pathos. Die Stärke der alten Charaktere liegt darin, daß sie nicht wählen, sondern sind, was sie tun. Jede Seite ist eine bestimmte Individualität, aber das Hauptinteresse ist der Gegensatz zwischen dem Staat, dem allgemeinen sittlichen Leben in Gestalt der Allgemeinheit und dem sittlichen Leben als Subjektivität, als Familie. Das sittliche Leben als natürliches und der Staat als das Geistige stehen sich gegenüber und können in Kollision kommen. Die vollendete Sittlichkeit besteht in der Harmonie beider Seiten.

Die Kollision muss aufgehoben und zur Versöhnung gebracht werden, dabei muß das Gleichgewicht des Sittlichen, das gleiche Gelten beider Mächte zur Anschauung kommen. Beide Seiten haben Unrecht und werden in Einheit gesetzt, sie kommen in Harmonie. Hierdurch ist das Gemüt wahrhaft befriedigt: gerührt durch die Individuen, versöhnt in der Sache. Die Aussöhnung kann durch einen Gott herbeigeführt werden, aber 190

186 Die alte Darstellung ist plastisch: Skulpturbilder bewegen sich, ihre Stellung ist idealisch; wir Neueren fordern bestimmte Besonderheit, das Minenspiel scheint uns ein Hauptteil; die Alten dagegen hatten Masken, und die Besonderheit demnach trat nicht heraus. Ferner hatten die Alten die Hände im Mantel, die Bewegung also wurde einfach. Was zu sprechen war, sprachen sie; nicht die Miene, sondern die bewußte Rede sollte ausdrücken. [S. 299/18]

187 Im Tragischen vornehmlich ist es, daß die Individualität durch die Einseitigkeit ihres Zwecks zerstört wird. Die Individualität mit ihrem Zweck geht zugrunde. Die ewige Gerechtigkeit übt sich am Individuum und dem Zweck aus. Dieser aber muß ein substantieller sein. Er wird also seiner Substantialität nach erhalten und streift nur die Einseitigkeit ab, die das Individuum verwirklicht. [S. 301/23]
In der Komödie ist der Zweck mehr oder weniger eingebildet. Er kann substanziell erscheinen; die Einseitigkeit desselben wird hier durch das Subjekt selbst zerstört und somit erhält sich dieses. In der Tragödie geht das ewig Substantielle siegend hervor, in der Komödie die Subjektivität als solche. [S. 301/30]

189 Individuen sind in eine Verletzung eines Zustands verwickelt, und sie müssen sich darin einen Zweck setzen. Das Berechtigte dazu ist das Sittliche überhaupt. [S. 302/09]
Die Kollision im Antiken ist so, wo beide Seiten

wenn durch einen Gott der individuelle Wille gebrochen wird, so geht nicht das ganze Individuum unter, sondern es wird nur die Hartnäckigkeit des Charakters aufgehoben. Das Individuum gibt sich auf gegen eine höhere Macht, den deus ex machina, der den Knoten zerschlägt. Die Aussöhnung kann auch vollzogen werden, wenn die Gültigkeit beider Mächte bestätigt wird, indem beiden die gleiche Ehre erwiesen wird. Aristoteles sagt, die Tragödie soll Furcht und Mitleid erwecken. Statt Furcht und Mitleid heißt es bei anderen Übersetzern Jammern und Schaudern. Hier ist nie Schuld oder Unschuld. Anders in den modernen Dramen: Das Individuum muß Bewußtsein, muß Schuld haben. Unschuld ist kein Gegenstand hoher Kunst. Im Modernen fällt die Versöhnung in die Hand des Subjekts selbst.

Die moderne Tragödie – Drama

191 In modernen Dramen ist der subjektive Charakter der Gegenstand. Hier wird von der Zufälligkeit der Umstände ausgegangen, die Verletzung beruht auf besondern Leidenschaften, auf Ehre, Liebe, persönlichem Interesse, auf einer Willkür des Subjekts. In der modernen Tragödie sind berechtigte Interessen entgegengesetzt, die Kollision kommt zum Beispiel herein, indem ein bestimmtes Individuum seine Liebe wirft auf ein anderes Zufälliges, das unter anderen Gewalten steht. Das besondere,

berechtigt sind. Kein böser Wille, kein bloßes Unglück bringt die Kollision hervor, sondern sittliche Berechtigung von beiden Seiten. [S. 303/26]
Hierbei muß man die falschen Meinungen von Schuld und Unschuld verschwinden lassen. Die Heroen sind ebenso schuldig wie unschuldig. Die Schuld stellen wir uns vor als dann eintretend, wenn das Individuum wählen konnte, wenn es sich mit Willkür entschloß. Aber in den plastischen Figuren ist solche Wahl entfernt, das Individuum ist, was es ist, es handelt aus diesem Charakter, diesem Pathos, und es ist Charakter, weil es gerade dieses ist. Dies ist die Stärke der alten Charaktere, daß sie nicht wählen, sondern, was sie tun, sind. [S. 305/07]
Sie können sich zwar mannigfaltig partikularisieren, aber die Hauptinteressen, die absoluten, sind der Gegensatz des Staates, des allgemeinen sittlichen Lebens in Gestalt der Allgemeinheit, und des sittlichen Lebens als Subjektivität, als Familie. Diese Seiten sind es, die in Kollision kommen können. Das sittliche Leben als natürliches und der Staat als das Geistige stehen sich gegenüber. Die vollendete Sittlichkeit besteht in der Harmonie beider Seiten. [S. 304/07]

190 Das Gleichgewicht des Sittlichen, das gleiche Gelten beider Mächte muß zur Anschauung kommen. Beide Seiten haben Unrecht und werden in Einheit gesetzt, dadurch daß sie in Harmonie kommen. Hierdurch ist das Gemüt wahrhaft sittlich befriedigt; gerührt durch die Individuen, versöhnt in der Sache. [S. 306/27]

geringere Interesse der Liebe darf dann nicht das Recht beanspruchen, eine Individualität ganz an sie zu binden. Das Individuum kann diesen Zweck aufgeben, wohl dabei leiden, aber doch dabei bestehen bleiben. In diesem Umkreis kann leichter verziehen werden, und das Gemüt kann leichter von seinem Zweck abstrahieren. Die Sache kann so ohne den Untergang der Individuen zuwege kommen.

192 In der Oper wird das Drama nach allen seinen Seiten ein vollständiges Kunstwerk, sie erscheint als das vollkommen künstlerisch ausgebildete Drama. Alle Künste sind da vereinigt: die Natur des Menschen ist Thema, die Architektur kommt durch Malerei und den Ort selbst hinzu, ebenso Musik, Tanz und Pantomime. Tanz und Pantomime sowie Musik können sich auch isolieren. Das Drama bei den Alten ist die vollendete Tragödie, die Darstellung ist die Oper gewesen, also Musik und Chor, nicht bloßer Gesang, sondern auch Instrumente, es ist auch vom Chor getanzt worden. Die Rede und der Sinn der Rede überwogen, sie litten nicht durch das Beiwerk. Wir sehen die Oper als eine Luxussache an, als Untergeordnetes, wo es mit der Hauptsache nicht ernst ist, wo der Pomp, die Ausbildung der besonderen Seiten überwiegt. Diese Kunst fordert diesen Pomp selbst für sich und ein Wunderbares des Inhalts, sie schweift deswegen gerne in das Märchenhafte und Mythologische aus. Bei uns

Eine andere Weise der Auflösung ist, wo durch einen Gott, (durch die entgegengesetzte sittliche Macht in der idealen Gestalt) der individuelle Wille gebrochen wird. Hier ist es nicht das ganze Individuum, das untergeht, sondern es ist die Hartnäckigkeit des Charakters, die aufgehoben werden muß. [S. 326/04]
Das Individuum konnte sich nur aufgeben gegen eine höhere Macht; diese ist der deus ex machina. [S. 307/10]
Aristoteles sagt, die Tragödie soll Furcht und Mitleid erwecken; die Bestimmtheit der Empfindung ist ihr Inhalt. [S. 250]
Das Individuum muß Schuld haben, muß Bewußtsein haben, Unschuld ist kein Gegenstand hoher Kunst. Im Modernen fällt die Versöhnung in die Hand des Subjekts selbst. [S. 252]

---

191 Die modernen Tragödien sind oft solche Dramas, wo der subjective Charakter den Gegenstand ausmacht; hier wird von der Zufälligkeit der Umstände, von besondern Interessen, Leidenschaften ausgegangen. [S. 328/04]
In den modernen Tragödien beruht die Verletzung auf besondern Leidenschaften, Ehre, Liebe, persönliches Interesse, eine Willkühr des Subjects. [S. 324/13]
In der Tragödie sind wesentlich berechtigte Interessen entgegengesetzt. Diese nun müssen sich partikularisieren. Ein solches z. B. ist die Liebe. Die Kollision kommt herein, indem ein bestimmtes Individuum seine Liebe wirft auf ein anderes Zufälliges, das unter anderen Gewalten steht.

geht der Sinn der Oper ganz in die Lüfte. Die Ausbildung aller Seiten erdrückt so den Ernst.

In Bezug auf die Darstellung tritt die Schauspielerkunst und somit ein eigenes Verhältnis des Schauspielers zum Dichter ein. Der Maler hat seine Farben als Elemente, der Dichter hat dagegen selbständige Personen, die ihr Recht haben wollen. Das eine ist die Rede vom Dichter, das andere die Darstellung, die dem Schauspieler zukommt. Es kommt darauf an, was überwiegen soll. 193

Jede solche moderne Tragödie eignet sich auch zur Parodie. 194

Die Komödie

Die Komödie charakterisiert von Haus aus das, womit die Tragödie schließt: das absolut in sich versöhnte, heitere Gemüt, das sich verwickelt, einen Gegensatz produziert, der Verwicklung abzuhelfen sucht, aber im Mittel so ungeschickt ist, daß es seinen Zweck durch das Mittel selbst zerstört, dabei aber ebenso ruhig und seiner selbst gewiss bleibt. Der Hauptton ist die unverwüstliche Sicherheit des Subjekts zu sich selbst, das sich aber unmittelbar unfähig zu dem zeigt, was es unternimmt. Beim Komischen muß man unterscheiden, ob die Personen für sich selbst komisch sind oder nur für uns. Es gibt eine Menge Torheiten, die nur für einen Dritten komisch 195

Hier also tritt die Zufälligkeit ein. Diese geringeren Interessen sind so beschaffen, daß sie nicht das Recht beanspruchen dürfen, eine Individualität solle ganz an sie gebunden sein. Das Individuum kann diesen Zweck aufgeben, wohl dabei leiden, aber doch dabei bestehen bleiben. Der Ausgang kann hier so oder so sein. [S. 308/13] In diesem Umkreis kann leichter verziehen werden, und das Gemüt kann leichter von seinem Zweck abstrahieren. Die Sache kann so ohne den Untergang der Individuen zuwegekommen. [S. 308/28]

---

192 Alle Künste sind da vereinigt: die Natur des Menschen ist Thema, die Architektur, durch Malerei vorgestellt, oder das Lokal selbst kommen hinzu, ebenso Musik, Tanz und Pantomime. Tanz und Pantomime sowie Musik kann sich auch isolieren. Wenn so das Drama nach allen seinen Seiten ein vollständiges Kunstwerk wird, so ist das die Oper; die Oper erscheint als das vollkommen künstlerisch ausgebildete Drama. Wir sehen die Oper als eine Luxussache an, als Untergeordnetes, wo es mit der Hauptsache nicht ernst ist, wo der Pomp, die Ausbildung der besonderen Seiten überwiegend ist; diese Kunst fordert diesen Pomp selbst für sich und ein Wunderbares des Inhalts. Wir finden es nicht natürlich, daß die Person, die reden soll, da singt; die Oper schweift deswegen gerne in das Märchenhafte und Mythologische aus. Der Ernst erdrückt sich so unter der Ausbildung aller der Seiten. [S. 246] Wenn es ganz vervollständigte Totalität ist, so ist es die Oper; das Drama bei den Alten ist Oper

sind. Komisch sind sie nur, wenn sie für das Individuum selbst nicht ernst sind, wenn es sich in seinem Ernst selbst nicht ernst ist. Komisch für uns ist es, wenn die Individuen ihre Zwecke verfolgen und sich gegenseitig zerstören. Für sie selbst ist es bitterer Ernst.

Das echte Komische, die echte Freiheit des Gemüts liefert uns Aristophanes. Er verspottet die Götter, die Republik, die Staatsmänner, das Volk. Er stellt die Taten der Staatsmänner in ihrer Torheit dar, die sich einen Zweck setzen, ihn aber durch die Ausführung zerstören. Er hat also die Personen selbst komisch gemacht, sie sind von Anfang an Toren. Wir sehen diese vollkommene Sicherheit der Subjektivität, die bei Zugrundegehen ihres Zwecks immer bleibt, was sie ist. Dies ist der letzte Punkt der Ausdehnung der Versöhnung, welche die Subjektivität sich erringt. In der Tragödie ist noch ein substanzieller Stoff, der in seinem Gegensatze sich zu rechtfertigen hat, in der Komödie setzt sich die höchste Spitze des Selbstbewußtseins über das Göttliche und Menschliche hinweg. Hiermit schließt sich die Kunst. Die letzte positive Stufe der Kunst ist die Tragödie, aber die Kunst geht fort zur Selbstvernichtung, die Komödie ist als letzte Stufe der Kunst überhaupt anzusehen. Im Komischen hat die Kunst ihr Ende. 196

gewesen, da ist die Absicht des Autors; die Inhalte bei ihnen sind die vollendete Tragödien, die Darstellung ist die Oper gewesen – Musik und Chor, nicht bloßer Gesang, sondern auch Instrumente; es ist auch da getanzt worden vom Chor. Die Rede und der Sinn der Rede ist bei ihnen überwiegend; die Rede hat wohl nicht durch die Akzessorien gelitten; wir dagegen müssen uns viel herumackern, die Chöre herauszubringen. Bei uns geht der Sinn der Oper ganz in die Lüfte. [S. 248]

193 In Rücksicht auf diese Seite der Darstellung tritt eine eigene Kunst, die Schauspielerkunst, ein, und ein eigenes Verhältnis des Schauspielers zum Dichter. Der Maler hat seine Farben als Elemente bei sich, der Dichter hat dagegen selbständige Personen, die ihr Recht haben wollen. Das eine ist die Rede vom Dichter, das andere die Darstellung, die kommt dem Schauspieler zu; da kommt es darauf an, was das Überwiegende sein soll. [S. 248]

194 Jede solche moderne Tragödie eignet sich auch zur Parodie. [S. 328/11]

195 Was nun letztlich die Komödie ausmacht, so haben wir schon bemerkt, daß die Komödie von Haus aus das ist, womit die Tragödie schließt: mit dem absolut in sich versöhnten, heiteren Gemüt, das sich verwickelt, einen Gegensatz produziert, der Verwicklung abzuhelfen sucht, aber im Mittel so ungeschickt ist, daß es seinen Zweck durch das Mittel selbst zerstört, dabei aber ebenso ruhig und seiner selbst gewiss bleibt. [S. 309/30]

Ende

Die Kunst ist eine notwendige, eine wesentliche Weise der Darstellung des Göttlichen, und diese Form müssen wir verstehen. Aber sie ist eine Stufe, die vorübergehen muß. Wir haben die Kunst in ihrem Kreise durchlaufen. Die Kunst in ihrem Ernst ist uns Gewesenes. Für uns sind andere Formen notwendig, uns das Göttliche zum Gegenstand zu machen. Wir bedürfen des Gedankens. Aber die Kunst ist. 197

Der Hauptton ist die unverwüstbare Sicherheit des Subjects zu sich selbst, das sich aber unmittelbar unfähig zu dem zeigt, was es unternimmt. [S. 330/24]
Man muß beim Komischen unterscheiden, ob die Personen für sich selbst komisch sind oder nur für uns. Es gibt eine Menge Torheiten, die nur für ein drittes Bewußtsein komisch sind; komisch sind sie nur, wenn sie für das Individuum selbst nicht ernst sind, es sich in seinem Ernst selbst nicht ernst ist. [S. 310/03]

---

196 Wer den Aristophanes noch nicht gelesen, hat noch nicht wahrhaft gelacht. [S. 252]
Er stellt die Taten der Staatsmänner in ihrer Torheit dar, die sich einen Zweck setzen, durch die Ausführung aber ihn zerstören. Er hat also die Personen an ihnen selbst komisch gemacht, so daß sie von Anfang an Toren sind. Wir sehen als hier diese vollkommene Sicherheit der Subjektivität, die bei Zugrundegehen ihres Zwecks imme bleibt, was sie ist. Dies ist der letzte Punkt der Ausdehnung der Versöhnung, die die Subjektivität sich erringt. [S. 311/16]
In der Tragödie ist noch ein substanzieller Stoff, der in seinem Gegensatze sich zu rechtfertigen hat: in der Comödie ists die höchste Spitze des Selbstbewußtseyns, die sich über das Göttliche und Menschliche hinwegsetzt. Hiermit schließt sich die Kunst; die letzte positive Stufe der Kuns ist die Tragödie; aber die Kunst geht fort zur Selbstvernichtung; und somit ist als letzte Stufe der Kunst überhaupt die Comödie anzusehen. [S. 306/09]

Im Komischen hat die Kunst ihr Ende. [S. 311/23]

---

197 So wie die Kunst eine nothwendige Darstellung des Göttlichen ist, so ist's auch eben so eine Stufe, die vorübergehen muß. [S. 331/22]
Hiermit haben wir die Kunst in ihrem Kreise durchlaufen. Die Kunst in ihrem Ernst ist uns Gewesenes. Für uns sind andere Formen notwendig, uns das Göttliche zum Gegenstand zu machen. Wir bedürfen des Gedankens. Aber die Kunst ist eine wesentliche Weise der Darstellung des Göttlichen, und diese Form müssen wir verstehen. [S. 311/31]

Typografiische Gestaltung:
Ana Laura Campos / Wigger Bierma

Gesamtherstellung:
Druckerei in St. Pauli, Hamburg.

Materialverlag–HFBK, Hamburg 2012
materialverlag.de

material 317
ISBN 978-3-938158-87-6